Stefan Reinisch/Maria Marek

Budo-Prinzipien in Training und Kampf

Einbandgestaltung: Luis dos Santos

Titelbild: Foto: Maria Marek

Bildnachweis: Sämtliche Fotos stammen von Harald Marek.
Bildbearbeitung: Tanja Göttlicher

Alle Informationen und Ratschläge in diesem Buch wurden sowohl von den Verfassern als auch vom Verlag sorgfältig erwogen und geprüft. Dennoch erfolgen alle Angaben ohne Gewähr. Eine Haftung des Verlages und seiner Beauftragten für Personen-, Sach- und Vermögensschäden ist ausgeschlossen.

ISBN 978-3-613-50719-7

Copyright © 2013 by Verlag pietsch, Postfach 103742, 70032 Stuttgart
Ein Unternehmen der Paul Pietsch Verlage GmbH & Co. KG

1. Auflage 2013

Sie finden uns im Internet unter www.pietsch-verlag.de

Nachdruck, auch einzelner Teile, ist verboten. Das Urheberrecht und sämtliche weiteren Rechte sind dem Verlag vorbehalten. Übersetzung, Speicherung, Vervielfältigung und Verbreitung einschließlich Übernahme auf elektronische Datenträger wie CD-ROM, Bildplatte usw. sowie Einspeicherung in elektronische Medien wie Bildschirmtext, Internet usw. sind ohne vorherige schriftliche Genehmigung des Verlages unzulässig und strafbar.

Lektorat: Susanne Fischer
Innengestaltung: Medien und Printprodukte, 74321 Bietigheim
Druck und Bindung: Appel & Klinger, 96277 Schneckenlohe
Printed in Germany

Inhalt

Inhalt 3
Vorwort 4
Einleitung 6
1 Fundamentale Prinzipien **8**
    1.1 Wollt ihr Kampfsport, Kampfkunst oder Selbstverteidigung? 8
    1.2 Ein vermiedener Kampf ist ein gewonnener Kampf 11
    1.3 Verbale Strategien zur Kampfvermeidung 15
    1.4 Faktor Psyche oder: Vom Gejagten zum Jäger 20
    1.5 Agieren oder reagieren? 28
    1.6 Über Ziele klar werden: Verletzung oder Kontrolle 32
    1.7 Flucht oder Kampf? 37
2 Technikprinzipien **39**
    2.1 »Sicherheitsabstand« 39
    2.2 Die erste Technik einer Abwehr ist die wichtigste 46
    2.3 »KISS«-Prinzip (»Keep it short & simple«) 51
    2.4 Mit Wahrscheinlichkeiten arbeiten 61
    2.5 Die sichere Außenseite 74
    2.6 Im Ernstfall Hände oben, Beine unten 81
    2.7 In einem realen Kampf dem Gegner nie den Rücken zukehren 92
    2.8 Vom Schlagen und Stoßen 100
    2.9 Schlagabsorbierung: hart oder weich? 116
    2.10 Hoch vom Boden! 120
    2.11 Prinzip des Fegens 130
    2.12 Armkontrolle: an Handgelenk und Ellbogen 132
    2.13 Hebeltechniken auf Zug ausführen 136
    2.14 Messerangriffe: der *worst case* 139
    2.15 Gegen mehrere Gegner: Wer stehen bleibt, verliert 153
3 Trainingsprinzipien **158**
    3.1 »Aus einem Bernhardiner wird kein Windhund« 158
    3.2 Umgang mit dem Trainingspartner 159
    3.3 Kritisch bleiben, Kritik akzeptieren 161
    3.4 Schluss mit antrainierten Uke-Verhaltensmustern 164
    3.5 Training in Alltagskleidung 168
    3.6 Ein Trainer muss alles, was er macht, begründen können 170
    3.7 Ein Trainer sollte die Schüler mit Respekt behandeln oder:
         Von jedem kann man lernen 172
Literatur 173

Vorwort

Es existieren Hunderte von Kampfstilen, -sportarten und -künsten, viele – vor allem jüngere Kreationen – versprechen die »ultimative ...«, »... vereint die besten Techniken aus ... «, »müheloses Überwinden jedes Angreifers ...« etc. »Stilwächter« halten argwöhnisch danach Ausschau, ob die Technik X tatsächlich eine authentische Technik aus dem Stil Y ist, »Katas sind heilig«, und es ist nicht nötig, Techniken den besonderen Körperbaumerkmalen, Angriffsszenarien und geografischen und sonstigen Gegebenheiten anzupassen, weil sie in sich vollkommen sind, da sie ja von Meister Z als -zigstem Großmeister unverfälscht über Jahrhunderte hinweg überliefert wurden ...

Diese Aufzählung ließe sich beliebig erweitern! Sehr viel unbedingter Glaube, Wunschdenken, Allmachtsfantasien und Abgrenzungsbedürfnisse, die Überzeugung, die überlegene Kampfkunst für sich gepachtet zu haben, manifestieren sich in derartigen Einstellungen. Jede Kampfart hat eine implizite Auffassung darüber, was ein Kampf ist oder was das Wesen eines Kampfes ausmacht, wie ein Kampf geführt werden sollte und mit welcher Zielsetzung dies geschieht. Der Kampf als Phänomen menschlicher Relationen hat immer auch kulturelle, historische, soziale, psychologische und somatische Wurzeln. Wenn man Orientierung in der nahezu unüberschaubaren Vielfalt und Komplexität der Kampfarten-Welt sucht, ist es jedoch zwingend notwendig, hinter dem oberflächlichen Erscheinungsbild nach Gemeinsamkeiten, Prinzipien, zugrunde liegenden Konzepten zu suchen.
Diese erlauben es, Gesetzmäßigkeiten hinter der schillernden Verschiedenheit der Kampfformen aufzuzeigen. Für den technischen Bereich stehen die Wissenschaften zur Verfügung, die sich mit dem Körper und seinen Bewegungen befassen: Anatomie, Biomechanik, Physiologie, Sportwissenschaften etc.
Da die Budo-Kampfarten aber hochkomplexe Systeme darstellen, die weit über die reine Technik hinausreichen, müssen zusätzlich Psychologie, Philosophie und Geschichte einbezogen werden. Vorliegendes Buch will grundlegende Konzepte und Strukturen aufzeigen, die konstituierend für alle Budo-Kampfarten sind. Jeder fängt – sei es aus Zufall, lokalen Gegebenheiten, Freunden usw. – mit einem Kampfstil an, der ihm bzw. ihr mehr oder weniger entspricht. Ist ein bestimmter technischer Standard und ein grundlegendes Wissen um die Struktur des eigenen Stils erworben, ist ein weiterer Fortschritt nur möglich, wenn das eigene Können und Wissen reflektiert, theoretisch begründet und in Beziehung zu anderen Kampfarten gesetzt wird.
Ein hervorragendes Mittel zur tieferen Aneignung der Materie stellt das eigene Unterrichten sowohl von Anfängern als auch von Fortgeschrittenen dar. Als provokante These soll hier vertreten werden, dass ein Braun- oder Schwarzgurt, der nicht unterrichtet, sich dadurch von einem weiteren persönlichen Fortschritt ausschließt! Warum ist das so? Unterrichten bedeutet, sich auf einem höheren Niveau – quasi einer Meta-

ebene – kritisch mit technischen Grundlagen, ihrer theoretischen Fundierung und ihrer Begründung im zielorientierten Trainingsgefüge auseinanderzusetzen.

Im pädagogischen Prozess lernt der Unterrichtende, verständlich zu kommunizieren, aus didaktischer Sicht »Knotenpunkte« der zu vermittelnden Techniken herauszukristallisieren und darzustellen und diese in den Zusammenhang des Gesamtsystems einzubetten. Auf lange Sicht ist die Frage berechtigt, wer mehr lernt, der Schüler oder der Lehrer selbst?! Lehren bedeutet also, in einen Prozess involviert zu sein, der für alle Beteiligten eine Gelegenheit zum Wachsen bedeutet und der Weitergabe des Budo im Sensei-Sempai-Kohai-System dient.

Dieses Buch bietet eine stilübergreifende Analyse von Basis-Konzepten, von der jeder und jede profitieren kann, ungeachtet der jeweiligen Kampfart-Herkunft. Aus diesem Grunde wünsche ich diesem Buch die Verbreitung, die es verdient! Es stellt einen wertvollen Beitrag zur theoretischen und praktischen Auseinandersetzung mit den Grundlagen der Kampffähigkeit dar und macht die teilweise verwirrende Komplexität transparenter.

In diesem Sinne: Viel Erfolg!

Jürgen Höller
(Diplom-Sportlehrer/Sporttherapeut, 4. Dan Taekwondo, 3. Dan Ashihara Karate,
3. Dan Jujitsu, Trainer in verschiedenen Sportverbänden (Taekwondo, Judo, Fechten),
Autor zahlreicher Bücher zu den Themen Kampfsport und Selbstverteidigung)

Einleitung

»**Budo**«: Sammelbezeichnung für die japanischen Kampfkünste; von uns als Oberbegriff für alle Kampfkünste/Kampfsportarten verwendet.
»**Prinzipien**«: grundlegende Einsichten, Ziele und Handlungsregeln, die anderen Gesetzmäßigkeiten übergeordnet sind.

Wenn wir uns unsere gesammelten Budo- bzw. Kampfsport-Bücher so anschauen (unsere eigenen mit eingeschlossen), so handelt es sich in den meisten Fällen um sogenannte »Kochrezept«-Bücher nach dem Muster »wenn – dann«, »Aktion – Reaktion«. Also: Greift der eine mit einem rechten Haken an, dann … So gut viele dieser Bücher auch sein mögen, sie beschreiben lediglich Situationen und bieten als Lösung eine speziell darauf zugeschnittene Technik. Schwierig ist es, aus dieser Fülle an Informationen Prinzipien abzuleiten, quasi zum innersten Kern der Sache vorzudringen.
Hat man nämlich das Prinzip einer Sache begriffen, lässt es sich auf viele verschiedene Situationen übertragen. Ob das Erklären von »Budo« somit einfacher wird, sei dahingestellt. Die einen können damit arbeiten und verstehen das Prinzip sehr schnell, andere tun sich mit der althergebrachten Methode des systematischen Technik-Auflistens leichter.
Unbestritten ist jedoch, dass sich die »Techniker« mit dem Improvisieren schwerer tun als diejenigen, die sich an Prinzipien halten. Man mag dabei an einen virtuosen Konzertpianisten denken, der sich urplötzlich mit Jazzmusikern in einer Jamsession wiederfindet und nun trotz seines Könnens nicht ins Spiel kommt.[1]

Wir haben zwar nicht die Weltformel gefunden, und viele Prinzipien überschneiden einander, aber möglicherweise wird ja so das Verständnis für Budo, Techniken und Psychologie des Kampfes erleichtert. Wir werden uns bei unseren Ausführungen auf eine Reihe von alten und neuen Fachleuten stützen und deren (manchmal widersprüchliche) Meinungen darlegen. Eines ist diesen Experten aber gemein: Egal, aus welcher Kampfsport-/kunstecke sie kommen, egal, wie ihre Biografie aussieht oder welcher gesellschaftlichen Schicht sie entstammen, besitzen sie eine bestimmte Fähigkeit: Sie können abstrahieren. Sie haben ein Niveau erreicht, von welchem aus es ihnen möglich ist, grundlegende Aussagen (also Prinzipien) aus konkreten Erfahrungen abzuleiten.

---

1 Die sog. »Jazzstandards« entsprächen somit den »Budo-Prinzipen«.

Da es in diesem Buch aber um »Budo-Prinzipien« geht und wir uns daher nicht auf das Gebiet der Selbstverteidigung beschränken wollen, erachten wir auch die Erörterung der Wechselbeziehung zwischen Schüler und Lehrer als überaus wichtig. Da manche Lehrer ihre Position unter Berufung auf irgendwelche »Traditionen« zur Aufwertung des eigenen Egos missbrauchen, gehen wir auch auf diesen Aspekt ein, ebenso auf die sowohl für den technischen als auch geistigen Fortschritt wichtige Beziehung zwischen den Trainingspartnern.

Abschließend noch: Die ausgewählten Prinzipien entspringen unserer absolut subjektiven Einschätzung und unserer persönlichen »Budo-Biografie«! Fühlt sich also der eine oder andere Leser hintergangen, weil ein seiner Meinung nach entscheidendes Prinzip fehlt oder eines der uns wichtig erscheinenden Prinzipien nicht in sein Budo-Weltbild passt, ist er herzlich eingeladen, sein eigenes Buch zu schreiben! ☺
Denn wie jeder weiß: Der Wege (Do) gibt es viele.

Stefan Reinisch   Harald Marek

1 Fundamentale Prinzipien

1.1 Wollt ihr Kampfsport, Kampfkunst oder Selbstverteidigung?

Will man aus dem Training den größten Nutzen für sich ziehen und lange Jahre Freude daran haben, muss man zuerst wissen, was man selber will.
Ein Traditionalist wird wenig Freude am Wettkampf haben, ein reiner Wettkämpfer hadert wahrscheinlich mit kompromissloser Selbstverteidigung und umgekehrt.

Kampfsport

Ein sportlicher Kampf – selbst wenn er sehr hart ausgetragen wird, wie z. B. die populären MMA-Kämpfe, K-1, Cage-fight und wie sie alle heißen – folgt bestimmten Regeln, (schwere) Verletzungen sollen nach Möglichkeit vermieden werden. Zu diesem Zweck gibt es Schiedsrichter, Ringärzte, Regeln, ein Zeitlimit und Gewichtsklassen.
Beispielhaft zitiert seien die »verbotenen Techniken« bei Trainingskämpfen in der US-Army[2]:

Illegal Techniques:
- *Head butts*
- *Closed fist strikes to the head*
- *Striking with the elbows*
- *Groin strikes*
- *Straight palm strikes to the face*
- *Kicks and knee strikes to a downed opponent*
- *Striking the throat*
- *Pulling hair*
- *Poking or gouging eyes*
- *Biting*
- *Throwing an opponent onto their head or neck*
- *Heel hooks*
- *Grabbing the ring ropes*
- *Pinching (intentional)*
- *Scratching (intentional)*
- *Striking the side and or front of the knee*
- *Knee strikes to the face*
- *Finger and toe submissions.*

In einem Wettkampf kennen sich die Kontrahenten, sie kennen die Stärken und Schwächen des anderen, sie wissen, wann es losgeht, sie kennen den Stil, in welchem

---

2   USArmy Field Manual, 2002.

gekämpft wird, sie wissen, worin das Ziel besteht. Durch simple Grundtechniken sind somit keine Punkte zu erzielen. Daher wird in Wettkämpfen viel mit trickreichen Kombinationen und Finten gearbeitet. Darüber hinaus müssen in vielen Stilen die Schläge und Tritte vor dem Kontakt abgestoppt werden, wodurch bestimmte Bewegungsmuster automatisiert werden, was jedoch in einer realen Auseinandersetzung fatale Auswirkungen haben könnte.

Außerdem stellen Wettkämpfe eine Art »Duellsituation« dar, und man könnte sogar behaupten, es entspinnt sich in einem Wettkampf eine Art »Dialog« zwischen den Kontrahenten: Kämpfer A startet eine Aktion, Kämpfer B reagiert darauf, dann ist Kämpfer B an der Reihe. Da solche Kämpfe oft über mehrere Runden gehen, ist natürlich auch die körperliche Kondition ein mitentscheidender Faktor. Nicht zu vergessen ist die Tatsache, dass sich beide Kontrahenten freiwillig zu diesem Vergleich bereit erklärt haben.

Gründe, die für den Wettkampf sprechen, sind abgesehen vom Spaßfaktor die Verbesserung der Reflexe sowie bis zu einem gewissen Maße der Umgang mit Stress (wenn auch die Gefühlslage im Vergleich zu einer »realen« Konfrontation eine andere sein wird). Wir kennen allerdings genügend Kampfsportler, für die gebrochene Knochen, gerissene Bänder und eingeschlagene Zähne zum Wettkampf dazugehören. Da stellt sich die Frage, ob hier nicht der Bock zum Gärtner gemacht wird, trainieren doch die meisten Leute, um in einem »realen« Kampf derartige Verletzungen zu vermeiden. Der hohe körperliche Verschleiß zeigt sich spätestens mit Mitte Dreißig.

Selbstverteidigung

In einem realen Kampf (im Gegensatz zum künstlich herbeigeführten Wettkampf) ist ab einer bestimmten Stufe der Eskalation die *Verletzung* des Gegners das *Ziel*, um nicht selbst verletzt zu werden. Die oben als »verboten« aufgelisteten Techniken sind genau diejenigen, mit denen man rechnen muss. Man kann sich daher ausmalen, was passiert, wenn es ein – auch sehr guter – Wettkämpfer mit einem »unfairen« Straßenkämpfer zu tun bekommt.

Weiterhin spielt die *Kondition* in einem derartigen Kampf *keine Rolle*, da er nach wenigen Sekunden – zu welchen Gunsten auch immer – beendet sein kann. Desillusionierend, aber der übergewichtige, an Bluthochdruck leidende und kurzatmige routinierte Schläger wird den hochtrainierten Wettkämpfer trotz dessen Superkondition und perfekten Körperfettanteils binnen kürzester Zeit »platt machen«. Im Gegensatz zum Wettkampf darf sich kein »Dialog« auf physischer Ebene entwickeln. *Je schneller die Bedrohung abgewendet ist, desto besser.*

Es gibt keinen zweiten Platz. Stattdessen muss man mit Verletzungen und juristischen Problemen fertig werden.

Es gibt also in einem realen Kampf:
- keinen eindeutigen »Start«
- keinen Ringarzt

- keine Gewichtsklassen
- keine Regeln
- keine »unfairen« Techniken
- keinen Schiedsrichter
- kein Zeitlimit.

Außerdem wird im Gegensatz zum Wettkampf dem Verteidiger seine Rolle aufgezwungen; er hat nach Ausschöpfung aller Vermeidungsstrategien keine Wahl, ob er den Kampf austragen möchte oder nicht.

Ein entscheidendes Merkmal eines realen Kampfes ist das Problem, dass man als Angegriffener oft nicht weiß, wie ernst es der Angreifer meint, was hinter seinem Verhalten steht. Fasst mich der andere jetzt am Arm, weil er zu viel getrunken hat und nun Halt sucht, ist er einfach ein emotionaler Typ, oder hält er mich fest, um mich besser niederstechen zu können? Diese Frage spielt für die Angemessenheit meiner Verteidigungshandlung eine große Rolle, aber wie durch jede Frage (vgl. im Kapitel »Verbale Strategien«) sind wir durch diese Überlegungen geistig blockiert und reagieren u. U. zu langsam.

Selbstverständlich soll nicht jeder, der uns schief anschaut, sofort kompromisslos attackiert werden. Folgendes muss uns aber bewusst werden: Die endgültige Bestätigung meiner Befürchtung habe ich erst dann, wenn ich bereits hilflos und verletzt am Boden liege.

Juristisch korrekt muss die Beurteilung in einer Prognoseentscheidung aufgrund der *tatsächlichen Umstände* aus dem Blickwinkel des Angegriffenen erfolgen. Eine »paranoide« Einstellung schützt demnach nicht vor der Strafverfolgung. Somit muss auch dieser Aspekt im Selbstverteidigungstraining berücksichtigt werden! In den meisten Fällen ist es dabei hilfreich, auf sein Bauchgefühl zu hören, da unser Unterbewusstsein weitaus mehr Informationen verarbeiten kann als unser Bewusstsein.[3]

Als Verteidigungstechniken sollte man diejenigen bevorzugen, welche sich auch noch mit Tunnelblick und stark zitternden Händen ausführen lassen. **Somit muss der Grobmotorik der Vorzug vor der Feinmotorik gegeben werden!** Ein sinnvolles Verteidigungspotenzial ist so (entgegen verbreiteter gegenteiliger Ansicht) schon nach relativ kurzer Zeit erlernbar.

Zur Vorbereitung auf einen realen Kampf gehört also die Beschäftigung mit der *psychologischen Komponente*, das Training von *Vermeidungsstrategien*, *verbale Deeskalation*, *körperliche Techniken* sowie ein *sinnvoller Abschluss* (Flucht oder Kontrolle). Nicht zu vergessen sind die nachfolgenden Schwierigkeiten: Polizei, Gerichte und Rachegelüste des anderen.

---

3   Vgl. Tim Bärsch, Verhindern Sie Gewalt, 2010; Tim Bärsch/Marian Rohde, Kommunikative Deeskalation, 2008.

Mit steigendem Alter kompensieren Bewegungsökonomie und Erfahrung schwindende körperliche Fitness.

Kampfkunst

Die Kampfkünstler im engeren Sinne trainieren ihre Kampfkunst zumeist um ihrer selbst willen. Die Kunst, die Bewahrung der Tradition, das Gedenken an den Schulengründer und die damit verbundene Philosophie stehen im Vordergrund, nicht die Anwendung. Die Kampfkunst wird oft als ein Wegweiser für ein ethisch-moralisches Leben betrachtet.

Es wird Wert gelegt auf Kooperation der Trainingspartner und Harmonie in der Technikausführung, die Aktionen des Angreifers sind bekannt, die Reaktionen des Partners meist vorhersehbar. Es wird sehr viel Wert auf die stilistisch korrekte Ausführung der Techniken gelegt, egal, ob dies nun für den Ausführenden in Hinblick auf dessen Voraussetzungen ideal ist oder nicht (quasi *»function follows form«*). Die Bewegungen des Schülers sollen die exakte Kopie derjenigen des Meisters sein, die Sinnfrage wird oft nicht gestellt, es gilt meistens das Prinzip *»Don´t ask, don´t tell«*. Weder werden die sogenannte »Vorkampfphase« noch die möglichen »Exitstrategien« nach erfolgreicher Technikausführung thematisiert, oft fehlt auch das entsprechende Problembewusstsein. Im Idealfall sollen dennoch Fertigkeiten entwickelt werden, die es dem Kampfkünstler ermöglichen, den Kontrahenten selbst in einer physischen Auseinandersetzung nach Möglichkeit nicht verletzen zu müssen.

Die Techniken selbst verlangen oft ein hohes Maß an Feinmotorik und Exaktheit, entsprechend hoch ist der Zeit- und Trainingsaufwand. Dem Variantenreichtum an Techniken wird oft ein hoher Stellenwert beigemessen, zu diesem Zweck wird auch auf das Training von ausführlichen Technikkombinationen Wert gelegt. Da Wettkämpfe nur eine Nebenrolle spielen, kann Kampfkunst bis ins hohe Alter betrieben werden.

1.2 Ein vermiedener Kampf ist ein gewonnener Kampf

Eines Tages gingen einige Schüler des bereits betagten Meisters Tsukahara Bokuden in den Straßen von Kyoto spazieren. Als sie an einem Pferd vorbeigingen, das mit seinem Zaumzeug festgebunden war, trat dieses verängstigt nach hinten aus und wieherte. Die Umstehenden wichen erschrocken zurück. Einer der Schüler war dem Pferd jedoch so nahe, dass ihn die Hufe normalerweise unausweichlich getroffen hätten. Aber mit Leichtigkeit gelang es ihm, dem Tritt des Pferdes mit einem Sprung auszuweichen, und dabei stieß er einen kraftvollen Kiai aus. Die Umstehenden applaudierten seiner Geistesgegenwart und seinem Geschick, und schnell wurde die Begebenheit in der ganzen Stadt bekannt. Nur der berühmte Bokuden, so sprach man, konnte Leuten so ausweichen. Doch als man dem Meister diese Geschichte erzählte, seufzte er bloß. Seine Schüler, von seiner Reaktion enttäuscht, fragten ihn, warum er sich nicht freue. Er antwortete: »Wie schade. Ich dachte, er wäre

schon weiter. Ich habe mich offensichtlich geirrt. Er hat noch nicht genügend trainiert.«
»Wie das? Er hat doch großes Geschick bewiesen!«
»So versteht ihr also meine täglichen Anweisungen? Hättet ihr den Geist der Kampfkünste begriffen, dann wärt ihr gar nicht erst in Gefahr geraten. Jemand, der wirklich fortgeschritten ist, hätte einen Umweg um das Pferd gemacht.«
Als man dem Schüler die Worte des Meisters zutrug, schämte er sich und wagte es lange Zeit nicht mehr, ihm unter die Augen zu treten.

Oft besteht im Vorfeld einer physischen Auseinandersetzung die Möglichkeit, es erst gar nicht so weit kommen zu lassen.
Geoff Thompson versteht darunter die Vermeidung bestimmter Verhaltensweisen (»Opfersignale«), um nicht als leichte Beute ausgewählt zu werden. Er nennt dies »target-hardening«. Voraussetzung dafür ist ein gewisses Maß an **Aufmerksamkeit gegenüber seiner Umgebung**.[4] Dieses Prinzip wird in den meisten Kampfsportarten/-künsten sträflich vernachlässigt. Dagegen steht es bei Leuten, die aus der Praxis kommen, an allererster Stelle.[5]
Um mit der Überraschung arbeiten zu können, lenken Kriminelle ihre Opfer gezielt mit Fragen nach der Uhrzeit, Wechselgeld oder dem Weg ab, verschleiern ihre wahren Absichten und können so in die persönliche Sphäre des anderen eindringen. Höchst verdächtig ist es jedenfalls, wenn sich ein Individuum während dieser verbalen Annäherung nach rechts und links umsieht. Nach einem derartigen Überfall lauten dann die Aussagen der Opfer meist: *»Es kam wie aus dem Nichts!«*

Nicht dort zu sein, wo es Ärger geben könnte, klingt in der Theorie sehr simpel. Ist ein Lokal wegen seiner speziellen Kundschaft berüchtigt, gehe ich dort nicht hin, ebenso kann man bestimmte Gegenden meiden. Sucht ein aggressiver Mitmensch Streit, verlässt man den Schauplatz. Auch Marc »Animal« MacYoung ist sich nicht zu schade, die Straßenseite zu wechseln, wenn sich Ärger anbahnen könnte. Kelly McCann formuliert es so: »*It´s easier to avoid trouble than fight your way out of it.*«

Verschiedene psychische Faktoren (oft noch verstärkt durch Alkohol) hindern uns aber manchmal an der Verwirklichung dieser »simplen« Strategien. Was macht es nun so schwer, sich einfach umzudrehen und zu gehen?

---

4   Am Abend alleine mit iPod unterwegs zu sein, ist demnach weniger klug.
5   John Perkins, Attack proof: the ultimate guide to personal protection, 2000; Mark »Animal« MacYoung, Billige Tricks, Hinterhalte und andere Lektionen, 2001; John »Lofty« Wiseman, City-Survival, 1999; Kelly McCann, Combatives for Street Survival: Hard-Core Countermeasures for High-Risk Situations, 2009; Lee Morrison, Urban Combatives, 2003; Richard Dimitri, In Total Defence of the Self: Enhancing Survivability And Gaining The Tactical Edge, 2010.

Unser Ego
Sich einer Auseinandersetzung auf intellektueller Ebene zu stellen, ist in Ordnung und unterstützt die geistige Entwicklung; bei entsprechender Reife profitieren beide Seiten davon. Dies gilt nicht für körperliche Konfrontationen.

Dummerweise wird man von großen Teilen der Gesellschaft als Feigling angesehen, wenn man seine Probleme nicht »wie ein Mann« regelt. Unterstützt wird diese Sicht durch die zahllosen Hollywoodhelden, die schweigsam jede Beleidigung mit harter Faust beantworten. Damit wird das übergroße Ego oft zum entscheidenden Unterschied zwischen denen, die immer wieder kämpfen »müssen«, und denen, die ohne Blessuren nach Hause gehen. Nach Ansicht von Geoff Thompson, Marc »Animal« MacYoung, Peyton Quinn und Keith Kernspecht hat das »Ego-Problem« mehr Kämpfe verursacht als jeder andere Faktor. Bei Selbstverteidigung geht es jedoch nicht um die Ehre, sondern unter Umständen darum, zu überleben.

Wenn man schon kämpfen muss, dann sollte der Grund also ein besserer sein als ein dummer Blick. Was könnten sonst die Konsequenzen sein? Zwischen mir und dem anderen (dem mein Gesicht nicht gefällt) kommt es zur Schlägerei. Er bricht mir die Nase, ich schlage ihm die Zähne ein. Beide landen wir im Krankenhaus, wir zeigen uns gegenseitig an, es kommt zu langwierigen sowie kostspieligen Straf- und Zivilverfahren. Wie diese ausgehen, ist offen. Eventuell verliert einer der Beteiligten seine Arbeit, in weiterer Folge seine Wohnung, und die Beziehung zum Partner und den Kindern geht in die Brüche. Das ist es niemals wert!

Rechthaberei
Gemeinsam mit dem Gegner unterzugehen ist allemal besser, als Zugeständnisse zu machen, schließlich geht es ja um den Sieg der Gerechtigkeit (Vorsicht, Ironie!).

»Moment!« rufen da vielleicht einige. »Das ist ja zu billig. Außerdem lasse ich mich in *meinen persönlichen Rechten nicht einschränken.*« Wenn wir als passionierte Radfahrer jedes Mal auf unserem Vorrang gegenüber den motorisierten Verkehrsteilnehmern bestanden hätten, könnten wir nun dieses Buch nicht schreiben …

Studenten der Rechtswissenschaft ist vielleicht dieser lateinische Satz bekannt: »*Fiat iustitia et pereat mundus.*« Er lautet übersetzt »*Es soll Gerechtigkeit geschehen, und gehe die Welt darüber zugrunde*«, wird als Wahlspruch des Kaisers Ferdinand I. (1503–1564) überliefert und charakterisiert eine Haltung, die sich Recht um jeden Preis verschaffen will. Wie klug diese Haltung ist, soll jeder für sich selbst entscheiden.

Gruppendruck (Was sollen bloß die anderen denken?)
Tatsächlich finden sich viele Leute in einem Kampf, weil sie sich Sorgen darüber machen, was ihre Freunde denken, wenn sie jetzt einen Rückzieher machen. Vielleicht will man auch den anwesenden Mädels mit Macho-Gehabe imponieren (Balzverhalten; ob dieses erfolgreich sein wird, darf bezweifelt werden). Darum ist es oft riskanter, wenn man als Einzelner einer Gruppe gegenübersteht (alkoholisierte Fußballfans

o. Ä.), denn solche Leute bauen ihr Selbstbild darauf auf, wie sie von anderen wahrgenommen werden (Ist man ein Schlappschwanz oder einer, der sich von niemandem was sagen lässt?).

Hat man aber Vertrauen in die eigenen Fähigkeiten, ist man auch nicht von der Meinung anderer abhängig. Leute mit einem solchen Selbstvertrauen haben auch kein Problem damit, den Rückzug anzutreten – ohne dass sie sich nachher als »Verlierer« sehen.

Umgekehrt kann es eine gute Taktik sein, jemanden, der offenbar unter diesem Gruppendruck steht, von den anderen zu trennen, um vernünftig mit ihm reden zu können.

Die hier behandelte Problematik ist zeitlos. Die klügsten Köpfe haben sich damit schon befasst: Die ideale Strategie, die es erlaubt zu siegen, ohne zu kämpfen, und das Maximum zu erreichen, indem man am wenigsten tut, trägt den charakteristischen Stempel des Taoismus, der alten Wissenstradition, aus der sowohl die Heilkunst als auch die Kampfkünste in China hervorgegangen sind.

Das »Tao Te King« (von Laotse, ca. 400 v. Chr.) oder »Der Weg und seine Kraft« wendet eben jene Strategie auf die Gesellschaft an, die Sun Tsu (»Die Kunst des Krieges«, geschrieben vor mehr als 2000 Jahren) den Kriegern früherer Zeiten zuschreibt:

»Plane etwas Schwieriges, solange es noch leicht ist; tu, was groß ist, solange es klein ist. Die schwierigsten Dinge in der Welt müssen getan werden, wenn sie noch leicht sind; die größten Dinge in der Welt müssen getan werden, während sie noch klein sind. Aus diesem Grund tun die Weisen nie, was groß ist, und dies ist es, warum sie jene Größe erlangen können.«

»Das Buch des Gleichgewichts und der Harmonie« (ein mittelalterliches taoistisches Werk aus China) propagiert folgende Maximen:

»Tiefes Wissen heißt, der Störung vor der Störung gewahr zu sein, der Gefahr vor der Gefahr gewahr zu sein, dem Unglück vor dem Unglück gewahr zu sein. Kraftvolles Handeln heißt, den Körper zu trainieren, ohne sich vom Körper belasten zu lassen; den Geist zu üben, ohne sich vom Geist benützen zu lassen; in der Welt zu arbeiten, ohne sich von der Welt berühren zu lassen; und Aufgaben auszuführen, ohne sich von den Aufgaben behindern zu lassen. Durch das tiefe Wissen um das Prinzip kannst du eine Störung in Ordnung verwandeln; du kannst Gefahr in Sicherheit verwandeln; du kannst Zerstörung in Überleben und Unglück in Glück verwandeln. Durch kraftvolles Handeln auf dem Weg kannst du den Körper in das Reich der Langlebigkeit führen; du kannst den Geist in die Sphäre des Geheimen führen; du kannst die Welt in den großen Frieden und Aufgaben zu großer Erfüllung führen.«

Sich seiner Umgebung bewusst zu sein bedeutet nicht, dass man einen Verfolgungswahn (Paranoia) entwickeln muss. Jeder Autofahrer kennt diesen Zustand: *»Halte ich mich gerade ans Tempolimit? Zeigt die Ampel da vorne rot? Fährt mir mein Hintermann* *gerade sehr dicht auf? Fahre ich noch in der Spur?«* Zu Beginn sind dies noch bewusste Denkprozesse, mit zunehmender Praxis laufen die Überlegungen aber auf einer unbewussten Ebene ab, man entwickelt eine Art »Sechsten Sinn« für auftretende kritische Fahrsituationen.

Warum sollte es also nicht möglich sein, dieses Prinzip auf das Erkennen von potenziell gewalttätigen Gefahrensituationen auszudehnen? Oft wird in der Fachliteratur dabei zwischen verschiedenen Stufen der Aufmerksamkeit unterschieden (Stufen 1–3 bzw. nach einer Farbskala).

1.3 Verbale Strategien zur Kampfvermeidung

Kann ich eine mögliche Gefahrensituation nicht vermeiden, ist die körperliche Konfrontation dennoch nicht unausweichliches Schicksal. Wenn ich allerdings immer nur körperliche Verteidigungstechniken trainiere, ist es wahrscheinlich, dass ich nach dem Grundsatz handle: »Bin ich ein Hammer, sieht jedes Problem aus wie ein Nagel.«

Es ist daher unbedingt zu empfehlen, sich für diese sogenannte »**Vorkampfphase**«[6], auch »**Interview**«[7] genannt, verbale Deeskalationsstrategien zurechtzulegen (quasi einen »Spielplan«) und diese auch in das normale Training zu integrieren[8].
Das ist umso wichtiger, als in dieser Eskalationsstufe ein großer Teil des Blutes vom Gehirn weg in die Muskulatur gepumpt wird, um diese vorzubereiten auf »Kampf oder Flucht«. Nur gefestigte Handlungsmuster können in solchen Situationen abgerufen werden, da nun eine »Denkblockade« besteht.

Ist man unvorbereitet bzw. nur auf körperlichen Kampf trainiert, könnte es dann unter Umständen wie in dieser legendären Szene aus »Asterix auf Korsika«[9] ablaufen:

Waggonlix (ein Korse, streng blickend): *»Du hast meine Schwester angesprochen.«*
Studicus (ein Legionär): *»Ach ... ich wusste nicht ...«*
Waggonlix (klappt sein Messer auf): *»Ich mag es nicht, dass man meine Schwester anspricht!«*
Studicus (schwitzt): *»Aber ... aber Eure Schwester ist für mich uninteressant. Ich wollte nur ...«*
Waggonlix (laut): *»Was, sie gefällt dir nicht, meine Schwester?«*
Studicus (angstgrinsend): *»Aber doch, sie gefällt mir natürlich!«*

---

6   Keith R. Kernspecht, Blitzdefence – Angriff ist die beste Verteidigung, 2002.
7   Geoff Thompson, The Fence, 1998; Ders., 3 Second Fighter, 1997; Ders. Dead or Alive – The Choice is Yours, 2004.
8   Ebenso John Perkins, Attack proof: the ultimate guide to personal protection, 2000; Michel Ruge, Das Ruge-Prinzip, 2010.
9   »Asterix auf Korsika«, Zeichnungen: Uderzo, Text: Goscinny, 1986.

Waggonlix (roter Kopf, brüllt): »*Aha, meine Schwester gefällt dir also?!! Haltet mich, oder ich bring' den Kerl um. Ihn und seine Schwachköpfe!*«
Studicus und die anderen Legionäre geben Fersengeld.

Faktor »Stimme«

Bei Stress ändert sich (als Vorbereitung auf Flucht oder Kampf) die Spannung in der Skelettmuskulatur, somit auch in der Sprechmuskulatur. Die Stimme klingt höher und zittrig. Gleichzeitig wird oft schneller gesprochen, man wirkt hektisch und ängstlich – genau das, was man eigentlich gerne vermeiden würde. Wie lässt sich das aber verhindern? Versuchen wir einmal, in derartigen Situationen bewusst langsam und tief zu sprechen. Da Atem und Stimme zusammenhängen, gelingt dies leichter, wenn man vor dem Sprechen ausatmet – keine Angst, es bleibt immer noch genügend Luft übrig. Die tiefe und ruhige Stimme strahlt nun Sicherheit, Ruhe und Gelassenheit aus.[10]

In Erwartung einer Konfrontation (egal ob physisch oder nur intellektuell) hilft dieser Atemrhythmus, um ruhiger zu werden: 3 Sekunden einatmen, 2 Sekunden Luft anhalten, 3 Sekunden ausatmen. Klappt auch beim Zahnarzt.

In welche »Eskalationsfallen« können wir tappen?

Stress macht bei aggressiven verbalen Botschaften (»*Was guckst du?!*«) weniger der sachliche Inhalt (»*Gibt es einen bestimmten Grund dafür, dass Sie mich betrachten?*«) als vielmehr die damit vermittelte Emotion (AGGRESSION!!!). Reagieren wir ebenfalls emotional, stehen die Chancen gut, dass sich die Auseinandersetzung aufschaukelt:

- »*Ich schaue, wie ich will!*« oder »*Komm doch her, wenn du dich traust!*« Das Problem ist nur: Wer eine aggressive Gegenstrategie verfolgt, muss auch bereit sein, die möglichen Konsequenzen (aus dem verbalen Gefecht wird ein körperliches) zu tragen.
- »*Als ich Sie sah, dachte ich, Gott hat Humor!*« Vorsicht: Einige Menschen verstehen keine Ironie! Der vermeintlich gute »Sager« trägt somit nicht zur Entspannung bei, sondern bewirkt genau das Gegenteil.

Wie könnte es gehen?

Mit den folgenden Strategien *vermeiden* wir es, mit dem anderen in einen Dialog treten, uns mit ihm auseinandersetzen zu müssen:

- Das <u>Prinzip der kaputten Schallplatte</u>. Wir beschränken uns auf eine simple verbale Aussage; diese wird immer wieder wiederholt, egal, was der andere sagt: »*Ich will keinen Stress!*« Wir verlassen den Schauplatz.
Vorteil: Wir müssen nicht groß darüber nachdenken, was wir jetzt sagen sollen.

---

10   Vgl. Michel Ruge, Das Ruge-Prinzip, 2010.

Handelt es sich lediglich um einen unerwünschten Annäherungsversuch, so *unterbrechen wir den anderen, sobald er etwas sagen möchte*. Das hat sich in Frauen- und Mädchenselbstbehauptungskursen bewährt. Die Aussage wird lediglich etwas modifiziert: »*Gehen Sie weg!*«, »*Das interessiert mich nicht!*«, »*Lassen Sie mich in Ruhe!* « oder auch nur »*Nein!*«

- Bleiben wir auf der Sachebene: Reagieren wir sachlich, auch wenn der andere Botschaften als Angriffe formuliert.

Lautstärke ersetzt keine Argumente.
Simple Beispiele:
»*Willste was auf die Fresse?*« »*Nein.*« Rückzug.
»*Was guckst du?*« »*Hab´ ich Sie angeschaut? War mir nicht bewusst.*« Rückzug.

<u>Nicht auf Beleidigungen eingehen</u> (»*Du schwule Sau!*«). Sonst hat uns der andere genau dort, wo er uns haben will.

Auch wenn uns der andere duzt, bleiben wir beim höflichen <u>»Sie«</u>. Dies schafft emotionale Distanz!

Wir werden angestarrt (in der Hoffnung, dass wir darauf reagieren wie vorhin beschrieben): Das <u>Unterbrechen des Augenkontakts</u> ist eine Kunst für sich. Nicht den Blick senken, das kann als unterwürfig angesehen werden und eine aggressive Reaktion hervorrufen. Starren wir aber weiter, ist die verbale Herausforderung vorprogrammiert. Besser: Lassen wir den Blick auf gleicher Höhe einfach gleichgültig weiter wandern, als hätten wir gerade einen Hydranten betrachtet.

Wenn nun jemand meint, »*Was, das soll schon alles sein?*«, dann sind wir zufrieden. Das ist es nämlich schon. Je simpler, desto leichter umsetzbar.

Manchmal ist man aber gezwungen, eine *Beziehung* herzustellen. Für Personen mit beruflich bedingtem »Publikumskontakt« gilt:
- Stellen wir <u>offene Fragen</u> (auf die man nicht nur mit »Ja« oder »Nein« antworten kann). Damit signalisieren wir Interesse am anderen, und er wird unwillkürlich zum Nachdenken gebracht (»Wer fragt, führt.«). Beispiel: »*Warum machen Sie das jetzt?*«

Fälle aus der Praxis:
- Ein Fahrgast der Bahn sitzt in der ersten Klasse, hat aber nur ein Zweite-Klasse-Ticket. Als die Schaffnerin kommt, schnauzt er sie sofort aggressiv an: »*Auch wenn ich in der Ersten Klasse sitze, ich zahle sicher nicht auf!*«
- Frage der Schaffnerin: »*Wie kommt´s denn, dass Sie in der Ersten Klasse sitzen?*«
- Es entspinnt sich ein Dialog, in welchem sich herausstellt, dass in der zweiten

Klasse kein Platz mehr zu finden war. Der Fahrgast darf in der ersten Klasse bleiben und bedankt sich.
- Ein Schaffner bekommt es mit einem aggressiven Schwarzfahrer zu tun. Anstatt auf dieselbe Art zu reagieren, stellt er ihm die Frage: »*Wo wolln´s denn überhaupt hinfahr´n?*« Der Schwarzfahrer steigt auf die Frage ein, die Lage entspannt sich.

==**! Achtung: Andererseits werden derartige Fragen auch von routinierten Schlägern zur Ablenkung eingesetzt, um so den entscheidenden Schlag landen zu können. !**==

- Nehmen wir den Gesprächspartner ernst, wiederholen wir seine Äußerungen (ohne ihn zu »verarschen«!), nehmen wir eine ähnliche Körperhaltung ein. Dieses »Spiegelverhalten« signalisiert: Wir sind auf derselben Wellenlänge.

- Nicht den Oberlehrer spielen: »*Hätten Sie mir zugehört, dann wüssten Sie jetzt, dass …*« ist also kontraproduktiv. Ebenso der Vorwurf: »*Sie wissen aber schon, dass das Rauchen hier verboten ist?!*«

- Keine Fachausdrücke, die der andere nicht versteht (kennen wir vielleicht von Arztbesuchen oder Besuchen beim Rechtsanwalt)!

- Versuchen wir, uns in die Lage des anderen zu versetzen, vielleicht hat er ja (zum Teil) recht.

»Paradoxe Intervention«

Wenn wir den Eindruck haben, dass »vernünftige« Verhaltensweisen nichts nutzen: Tun wir das Unerwartete und nutzen den Überraschungseffekt zu unserem Vorteil! Der andere muss über das Gesagte oder das Verhalten nachdenken, ob er will oder nicht. Dies bezeichnet man auch als **»Paradoxe Intervention«.**

Beispiele:
- Eine Schaffnerin wird (Grund unbekannt) von einem soeben eingestiegenen männlichen Fahrgast aggressiv beschimpft. Spontan ruft sie »*Mimimimimi!*« Er ist so verblüfft, dass er kein Wort mehr sagt. Diese Pause nutzt die Schaffnerin: »*So, und jetzt können wir uns in einer normalen Lautstärke unterhalten.*«
- In eine ähnliche Richtung geht ein Tipp der Polizei, wonach Mädchen, wenn

sie blöd »angequatscht« werden, dem Möchtegern-Romeo ins Gesicht sagen sollen: »*Apfelstrudel!*«
- Eine Frau wird von einem Typen angemacht:
»*Hallo, hübsche Frau, wie heiß' ma denn?*«
»*Ich bin das Rumpelstilzchen, und wer bist du?*« Stille, Abgang.
- Der Schaffner eines Fernreisezuges wird von einer Bande Gepäckdiebe in sein Dienstabteil gedrängt in der Absicht, ihn dort »fertigzumachen«. Angesichts der Übermacht täuscht er einen Herzinfarkt vor und geht zu Boden. Die Männer heben ihn auf eine Bank und spritzen ihm Wasser ins Gesicht ...
- In einem unserer Selbstverteidigungskurse für Mädchen erzählte uns eine Schülerin, wie sie in der U-Bahn von einem Mann belästigt wurde. Sie hielt ihm – ohne sich unterbrechen zu lassen – einen ausführlichen Vortrag über Eiweiß. Der Mann sagte nichts mehr.
- Beherrschen wir eine Fremdsprache, die der andere hoffentlich nicht versteht, reden wir wasserfallartig in dieser Sprache. Dem anderen geht es dann wie dem Touristen im fremden Land.
- Originell: »*Hast Du gerade meine Freundin angemacht?*« »*Das kann nicht sein, ich bin schwul.*«
- Täuschen wir einen heftigen Nies- oder Hustenanfall vor! Schnäuzen wir uns in die Finger, bohren wir in den Ohren und zeigen das Ergebnis! Geben wir Laute von uns, als ob wir jeden Moment erbrechen würden! Beginnen wir panisch, uns überall heftig zu kratzen!

Auch wenn man nicht direkt Ziel, sondern Zeuge eines Übergriffs wird, ein direktes Eingreifen aber als zu riskant erscheint (es besteht u. U. die Gefahr, dass sich dann die Aggression gegen uns richtet), hat sich diese Form der »Auflösung« des Konflikts bewährt (Stichwort **»Zivilcourage«**).

Beispiele:
- Im Park bahnt sich eine Schlägerei zwischen mehreren Burschen an, sie beginnen, handgreiflich zu werden. Eine alte Dame geht dazwischen und bietet den Burschen aus einer Tüte Gummibärchen an, die Lage entspannt sich.
- Eine Frau wurde in der U-Bahn Zeuge, wie drei Skinheads einen jungen Burschen anpöbeln. Ein direktes Eingreifen erschien ihr als zu riskant, daher warf sie sich zu Boden und täuschte einen epileptischen Anfall vor. Die drei reagierten wie jeder andere Fahrgast auch: hilflos und überfordert. Bei der nächsten Station verließen sie den Waggon. Auch das laute Singen eines Liedes soll in derartigen Situationen bereits geholfen haben.

Ein wichtiges Detail

Geoff Thompson hat eine Beobachtung gemacht: Richtig *gefährlich* wird es dann, wenn der andere *immer einsilbiger* wird! Einzelne Worte oder Laute ersetzen verständliche Sätze. Dies deshalb, weil der Angreifer ebenfalls schon unter dem Einfluss des Adrenalinausstoßes steht und ein klares Denken jetzt schwerfällt.

Man kann daher als »Faustregel« (Achtung Wortspiel!) sagen: Solange die Leute miteinander reden, prügeln sie sich nicht.

1.4 Faktor Psyche oder: Vom Gejagten zum Jäger

Meister Yoda, Star Wars, Episode V:
»Tu es – oder lass es. Wenn du zweifelst, wirst du scheitern.«
Der Grundsatz lautet: Wenn die Vermeidung eines physischen Konfliktes bzw. eine Deeskalation nicht möglich ist, heißt es kämpfen, bis die Gefahr vorüber ist. Die Gefahr ist vorüber, wenn der Angreifer nicht mehr willens oder körperlich nicht mehr fähig ist, uns zu verletzen oder gar zu töten.
Die Anwendung der dazu notwendigen körperlichen Gewalt ist in den verschiedensten Rechtsordnungen innerhalb eines gewissen Rahmens sogar ausdrücklich gestattet (Notwehr bzw. Nothilfe).

Ein Teilnehmer an einem unserer Sicherheitsseminare meinte einmal, er habe im Ernstfall gar nicht so sehr Angst vor dem Gegner, vielmehr habe er Angst vor sich selbst, weil er einfach nicht wisse, wie er in einer Extremsituation reagieren würde.

Es geht nun hier in diesem Kapitel um die Überwindung der Hemmschwelle, was den Einsatz dieser körperlichen Gewalt anlangt. Oder, anders ausgedrückt: **Wie wird im Ernstfall der Gejagte zum Jäger?**

Normales Training bereitet darauf nur sehr schlecht vor, weil entweder Kampfsport oder Kampfkunst gelehrt wird (zur Unterscheidung bitte im entsprechenden Kapitel nachlesen!). Es wird Wert auf das Erzielen von Punkten oder das stilgetreue Kopieren von zahlreichen Techniken gelegt. Erfolgreiche Selbstverteidigung ist jedoch in erster Linie »Kopfarbeit«, es muss der Kampfgeist, die richtige Einstellung trainiert werden. Bereits in den 1940er Jahren, als die USA in den Zweiten Weltkrieg eintraten, formulierte Lt. David W. Morrah in seinem Ausbildungshandbuch[11] dieses Problem folgendermaßen: »*The biggest problem in teaching Americans to fight is not showing them how to do it, but **making** them to do it.*«

---

11 David W. Morrah, Dirty Fighting, 194?, zu finden im Internet.

Dazu wieder Miyamoto Musashi:
»*Denkst Du nur ans Parieren, Zurückschlagen oder Aufhalten des Gegners, wirst Du nicht in die Lage kommen, ihn wirklich zu treffen. Du musst völlig ausgefüllt sein von dem Gedanken: Dies alles dient nur dazu, ihn niederzuschlagen, ihn zu besiegen.*«

Erfolg hat man also nur, wenn man im richtigen Augenblick mit höchster Entschlossenheit handelt. Oder: »*Either attack all-out or do not attack at all.*«[12]

Die Psyche ist also der entscheidende Faktor, wird aber in nahezu allen Kampfkunst/-sportstilen stiefmütterlich behandelt. Wenn man Selbstverteidigung trainieren will, ist diese Ignoranz äußerst unlogisch. Nach übereinstimmender Ansicht aller Fachleute ist im Falle eines Angriffs die Psyche der Schlüssel zur erfolgreichen Abwehr. Man geht dabei von einem Prozentsatz von mindestens 80 % aus..

Logisch wäre es daher, zuerst diesen Bereich – die Psyche – zu trainieren, erst danach die restlichen 20 %, also die sogenannten »Techniken« oder besser noch die technischen Prinzipien!

Wenn wir schon beim »Prozentrechnen« sind: Im Zeitraum von 1991 bis 1994 wurden von der Polizei Hannover (Kriminalhauptkommissarin Susanne Paul) 522 Fälle von Sexualstraftaten gesammelt, ausgewertet und der Zusammenhang von Gegenwehrverhalten mit dem Abbruch der Tat ermittelt (man wollte wissen, ob sich Frauen wehren oder lieber stillhalten sollen). Die Studie ergab folgendes Ergebnis: In rund 88 % der Fälle führte die massive Gegenwehr (Treten, Schlagen, lautes Schreien, Beißen, an den Haaren ziehen) der Frauen/Mädchen zum Abbruch der Tat. Haben sie also ihre Hemmschwelle überschritten und sich für Gegenwehr entschieden, lag die Erfolgsquote bei 88 %. Nur eine einzige Frau war Kampfsportlerin.[13]
Kriminalhauptkommissarin Susanne Paul war auch fachliche Beraterin von Sabine Eichhorst, als diese 1996 ihr Buch »Mut zur Gegenwehr – Strategien gegen sexuelle Gewalt« verfasste. Demnach komme es auch bei Mädchen und Frauen nicht auf Muskelpakete oder »Geheimtechniken« an; wichtiger als die Physis sei die Psyche.

Wie kann man dieses psychologische Training beginnen?
Der Überlieferung zufolge soll am Eingang des antiken Tempels von Delphi die Inschrift »*Erkenne dich selbst*« angebracht gewesen sein (eine alte, aber zeitlos aktuelle Aufforderung). Jeder sollte sich einmal die Frage stellen, ob er (oder sie) bereit wäre,

---
12 Geoff Thompson, The Fence, 1998; so auch Jim Wagner, Reality-Based Personal Protection, 2005; ähnlich Michel Ruge, Das Ruge-Prinzip, 2010; sinngemäß (»Do not hesitate!«) Vince Morris, The Secret Art of Pressure Point Fighting: Techniques to Disable Anyone in Seconds Using Minimal Force, 2009.
13 Jürgen Höller/Axel Maluschka/Stefan Reinisch, Selbstverteidigung für Frauen und Mädchen, 2007.

in einer Notwehrsituation alles zu tun, was notwendig wäre. Falls wir diese Frage verneinen oder an uns zweifeln, müssen wir uns über die Gründe für diese Haltung klar werden und darüber, wie wir diese Zweifel beseitigen könnten.

Mit Sicherheit spielt das soziale Umfeld, in welchem man aufgewachsen ist, eine große Rolle. War dieses Umfeld von Gewalt geprägt und Gewalt als Möglichkeit der Problemlösung akzeptiert, ist man wahrscheinlich eher bereit, physische Gewalt einzusetzen. Beim überwiegenden Teil der (mitteleuropäischen) Bevölkerung stehen Gewalt und Aggression aber als Optionen der Problemlösung nicht auf der Tagesordnung – so hoffen wir wenigstens.

Hat man in einer Selbstverteidigungssituation aber Angst, den anderen zu verletzen, oder denkt man an die möglichen rechtlichen Konsequenzen, dann wird man zögern und dem Gegner – der sich mit Sicherheit keine derartige Gedanken macht – das Handeln überlassen. Zweifel und Sorgen um die Konsequenzen schränken die Handlungsfähigkeit ein. Man will quasi mit einer »75 %«-Verteidigung zum Erfolg kommen. Unwillkürlich fällt uns da Franz Grillparzer ein: »*Das ist der Fluch von unserm edeln Haus: // Auf halben Wegen und zu halber Tat // Mit halben Mitteln zauderhaft zu streben. // Ja oder nein, hier ist kein Mittelweg.*«[14]

Wie schafft man nun aber die Wende zur richtigen Kampfeinstellung?

Verschiedene Möglichkeiten zur emotionalen Vorbereitung

Haben wir keine realen oder realitätsnahen Trainingsmöglichkeiten, arbeiten wir mit der sog. »Visualisierung«:

Versuchen wir, uns das »Worst-Case-Szenario« auszumalen. Man stellt sich dabei die wahrscheinlichen Bedrohungsszenarien in allen Einzelheiten vor, sich selbst, die Umgebung, die beteiligten Personen, die Stimmen, die Geräusche, das Gefühl der Angst – und wie man die Angst kontrolliert und gemäß dem vorbereiteten »Spielplan« handelt.[15]

> *John Perkins* empfiehlt bei der Visualisierung folgende Vorgehensweise:
> »*… Now imagine that the most depraved criminal you can think of is about to attack and psychotically torture the person who depends on you most, the person you´re closest to in the world. But first, he´s going to torture and kill you. Not if you can help it. Take all your fear, frustration, and helplessness, and crush it deep into your stomach.*

---

14 Österreichischer Schriftsteller und Dramatiker (1791–1872), Zitat aus »Ein Bruderzwist im Hause Habsburg«, 1848.
15 Geoff Thompson (Dead or Alive – The Choice is Yours, 2004) nennt dies »*going to the movies*«; ähnlich Jim Wagner, Reality-Based Personal Protection, USA 2005.

Take all the wrongs and humilations that have been dealt you in life, all the anger and blind rage, and set it to burning. Ignite it with your sense of justice ...«
Unnötig zu sagen, dass man eine gefestigte Persönlichkeit sein sollte, damit nicht durch diese Trainingsmethode eine vergleichsweise harmlose Situation durch Überreaktion in einer Katastrophe endet.

John Wiseman formuliert es ähnlich, vielleicht nicht ganz so drastisch:
»... Wenn Sie Ihren Lebenswillen erst einmal entdeckt haben, können sie ihn stärken ... Es ist ja nicht nur der Wunsch, möglichst nicht verletzt zu werden, sondern umfasst auch die Liebe zu Ihrer Familie und die Entscheidung, sie nicht im Stich zu lassen. Bringen Sie all die Dinge ein, die Ihr Leben lebenswert machen: Freunde, geselliges Leben, Lachen, Farben, Musik und alle Schönheiten der Natur ... Seien Sie sich bewusst, dass Ihr Gegner Ihnen all diese positiven Dinge nehmen könnte!«

2. Wir sagen uns: »*Egal was passiert, ich werde damit fertig.*«
   Wie die Situation auch aussehen mag, entscheidend dabei ist, dass man sich selbst als *Gewinner* sieht, der die Situation souverän meistert. Einfacher wird es, wenn wir dabei auf vergangene Ereignisse zurückgreifen können, mit denen wir fertig geworden sind.
   Ziel dieser Übungen ist es, aus der *Angst* – die ein natürliches Gefühl darstellt und als Schutzmechanismus wirkt – nicht unkontrollierbare *Panik* werden zu lassen.

Die Vorstellung, dass nicht wir selbst, sondern eine geliebte Person angegriffen wird, kann tatsächlich große (psychische und physische) Kräfte freisetzen. Gerade in Selbstverteidigungskursen für Frauen haben wir die Erfahrung gemacht, dass nichts die Teilnehmerinnen mehr motiviert als das Bild des sich in Gefahr befindlichen Kindes; in Kursen für Mädchen ist es dann die kleine Schwester/der kleine Bruder. Auch andere Autoren arbeiten mit der Vorstellung der Mutter, welche um ihre Kinder kämpft, und haben die Erfahrung gemacht, dass in solchen Fällen ansonsten vermeintliche »schwache« Frauen und Mädchen zu den gefährlichsten Gegnern werden.[16]

Verabscheut man üblicherweise Gewalt, so hilft vielleicht auch das Bewusstsein, alles Menschenmögliche getan zu haben, um den Kampf zu vermeiden. Jetzt gibt es keinen anderen Ausweg mehr, die Auseinandersetzung wurde uns aufgezwungen. Wir sind also nicht nur gesetzlich berechtigt, sondern auch moralisch legitimiert, mit »dem Zorn des Gerechten« (biblisch ausgedrückt) physische Gewalt einzusetzen.

---

16 John »Lofty« Wiseman, City-Survival, 1999; John Perkins, Attack Proof: the ultimate guide to personal protection, S. 39f, 2000; Mark »Animal« MacYoung, Billige Tricks, Hinterhalte und andere Lektionen, 2001.

Man sollte allerdings darauf bedacht sein, nicht über das zur Abwendung der Gefahr notwendige Maß hinauszugehen. Einerseits hat man mit juristischen Konsequenzen zu rechnen (Stichwort »Notwehrexzess«), andererseits begibt man sich dadurch auf eine Stufe mit dem Angreifer. Kelly McCann, der nun wahrlich nicht als zimperlich gilt (als Einstellung empfiehlt er »*Rage with Reason*«), spricht sogar vom »moralischen Bankrott«.

3. Man betritt die Höhle des Löwen und sucht sich ein Umfeld, wo es heißt »Schwimm oder geh unter«. Dies war die Methode von Geoff Thompson, nachzulesen in seinem Buch »Watch my Back«. Darin beschreibt er seine langjährige Tätigkeit als Türsteher in Großbritannien. Spannend zu lesen, aber gleichzeitig beängstigend und nicht zur Nachahmung empfohlen!

Ein gegenteiliges Konzept

Ein gegenteiliges Konzept befürwortet ein *unbewegtes Gemüt*, das sich nicht durch Emotionen beeinflussen und leiten lässt. Angesichts der Tatsache, dass der »Normalmensch« – auch wenn er mit Herz und Seele Kampfsport/-kunst betreibt –, selten mit der Realität eines »echten« Kampfes konfrontiert wird, bleibt eine derartige Einstellung ein fernes Ziel am Horizont, das, wenn überhaupt, erst nach vielen Jahren intensiver Beschäftigung mit der Materie erreicht werden kann, dann jedoch ein Merkmal für wirkliche Meisterschaft darstellt. Selbst Geoff Thompson, dem man nun wirklich nicht vorwerfen kann, nicht ausreichend praktische Erfahrung gesammelt zu haben, gibt zu, in kritischen Situationen lediglich nach außen unbewegt zu wirken, während in seinem Inneren – weitgehend unkontrollierbar – die Emotionen hochgehen. Jeder geistig normal veranlagte Mensch ist also in derartigen Ausnahmesituationen anfällig für die psychologischen (Furcht) und physiologischen (Adrenalinausschüttung) Begleiterscheinungen.[17]

Trainingstipp

Haben wir die Möglichkeit des Trainings mit anderen, so sollten möglichst realistisch *Angriffsszenarien nachgestellt* werden. Dazu ist unbedingt auf die Ernsthaftigkeit der Teilnehmer zu achten, ein »Herumalbern« darf nicht zugelassen werden!
Man kann mit verschiedenen Lichtverhältnissen arbeiten, in Alltagskleidung, gehandicapt durch Taschen, Rucksäcke u. Ä. Man wird dabei die Erfahrung machen, dass es vielen Trainierenden – die ansonsten keine Probleme haben, potenziell lebensgefährliche Techniken zu trainieren – sehr schwer fällt, sich auf derartige Rollenspiele einzulassen. Wichtig dabei ist es, Situationen quasi von »A bis Z« durchzuspielen, also beginnend mit verbalen Angriffen bis (empfehlenswert) zur Flucht.

---

17 Lee Morrison, Urban Combatives, 2003; Christian Braun, Effektive Selbstverteidigung durch Open Mind Combat – Street Safe, 2009.

Faktor Psyche oder: Vom Gejagten zum Jäger

Schon Sun Tsu schreibt in »Die Kunst des Krieges«: »*Wer nicht vorausplant, sondern seine Gegner zu leicht nimmt, wird gewiss von ihnen gefangen.*«

Sehr bewährt hat sich auch Folgendes:
Das »Opfer« hat die Augen mittels einer Haube oder Ähnlichem verdeckt, wobei entscheidend ist, dass das Material nicht komplett blickdicht ist. Dadurch wird der in der Stresssituation auftretende Tunnelblick simuliert:

Folgende Steigerungsstufen sind möglich:
- Einschränkung der akustischen Wahrnehmung (welche ebenfalls in der Realität auftreten kann) durch Ohrpfropfen (ganz simpel: ein Stückchen Papiertaschentuch).
- Einschränkung der Feinmotorik, indem die Hände entweder in Socken oder Fäustlingen stecken, was ein gezieltes Greifen ähnlich wie in extremen Stress unmöglich macht.
- Der Trainierende kann vor Beginn des Szenarios bis zur Erschöpfung Liegestütze oder Ähnliches absolvieren, erschwerend noch unter gleichzeitigem Anhalten des Atems (sehr fordernd, bitte nicht übertreiben!), um die Atemlosigkeit und das Zittern der Gliedmaßen zu simulieren.
- Um das Gefühl des »Angeschlagenseins« – vielleicht aufgrund eines Kopftreffers – zu simulieren, kann sich der Angegriffene vor der Aktion mehrmals um die eigene Achse drehen.

Fundamentale Prinzipien

Nun wird das Bedrohungsszenario durchgespielt. Sehr bald wird der Trainierende erkennen, dass er sich nur noch auf Technikprinzipien verlassen kann.

Ausreichender Sicherheitsabstand:

Instinktiver Kopfschutz bei Bedrohung:

Kontakt mit dem Gegner herstellen, die sichere Außenseite suchen:

Sofortiger Gegenangriff mit grobmotorischen Techniken:

Abschluss und Flucht:

 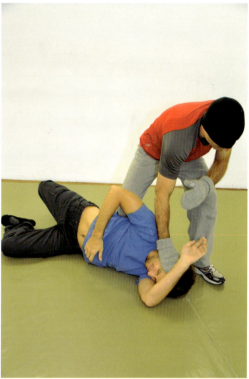

Im Sinne der Sicherheit unseres Trainingspartners ist es extrem wichtig, dass sowohl unsere Aktionen als auch die des Angreifers trotz aller Emotionen mit reduziertem Tempo und absolut kontrolliert ablaufen!

Die Dualität »emotionale Aufrüstung« versus »unbewegtes Gemüt« ist eng verwandt mit der Frage »Agieren oder Reagieren«. Gerade in den traditionellen Kampfkünsten wird letztere Geisteshaltung (»ein Geist wie Wasser«) angestrebt, aber auch im militärischen Bereich versucht man, die Emotionen durch professionelles Vorgehen zu kontrollieren.[18]

Die oben angesprochene Übung, bei welcher mit eingeschränkter Sicht gearbeitet wird, gibt eine gute Grundlage, um sich diesem Zustand des »unbewegten Gemütes« anzunähern.

1.5 Agieren oder reagieren?

Ein Thema, das uns schon lange Zeit beschäftigt, ist die Frage, welchem Konzept in der Selbstverteidigung der Vorzug zu geben ist: Spontaneität oder geplanter Aktion? Wobei es jedem unbenommen bleiben soll, diese Prinzipien auch auf »zivile« Lebenssituationen umzulegen.

Pro reagieren
Die österreichische Tageszeitung »Der Standard«, 4.2.2010:

»Wer zuerst zieht, zieht bei Duellen oft den Kürzeren.
Man kennt das Phänomen aus den einschlägigen Filmen: Stehen sich zwei Kontrahenten im Duell gegenüber, stirbt meist der Schütze, der zuerst gezogen hat. Das mag einerseits daran liegen, dass der ›Angreifer‹ meist der Bösewicht ist, während der Gute auf den Angriff bloß reagiert. Andererseits gibt es dafür seit Kurzem auch eine neurowissenschaftliche Erklärung. Wie Andrew Welchman von der Uni Birmingham mit Kollegen herausfand, wird eine Handlung nämlich schneller ausgeführt, wenn sie durch einen Reiz von außen ausgelöst wird, als wenn die gleiche Handlung als geplante Tat erfolgt. Genau das hatte sich in Tests gezeigt, bei denen sich jeweils zwei Probanden gegenüber saßen und möglichst schnell in einer vorgegebenen Reihenfolge auf zwei Druckknöpfe schlagen mussten – und zwar ohne Startsignal. Der Proband, der begann, war im Schnitt um etwas mehr als zwei Hundertstelsekunden langsamer als der Kontrahent, der reagierte, so die Forscher in den Proceedings of the Royal Society B.«

Heribert Czerwenka-Wenkstetten beschreibt in seinem Buch »Kanon des Nippon-JuJitsu« den Begriff »Zanshin« als spontanes, unwillkürliches und richtiges Reagieren auf einen Angriff.

Ähnlich auch Ko Myong[19], welcher einer Haltung ohne konkrete Erwartungen den Vorzug gibt, wodurch der Geist unbelastet reagieren könne; derselben Ansicht ist

---
18 Vgl. Jim Wagner, Reality-Based Personal Protection, 2005.
19 Bewegung für das Leben: Shinson Hapkido, 1999.

Keith R. Kernspecht[20]. Man könnte kurz und bündig formulieren: »*Go with the flow*«. Gegen das Agieren hat sich auch Gichin Funakoshi (Gründer des Karate-Stils Shotokan) ausgesprochen, indem er in der zweiten seiner zwanzig Verhaltensregeln (Shoto-Niju-Kun, welche die Grundprinzipien des Karate-Do vermitteln) formulierte: »*Karate ni sente nashi*«: Im Karate gibt es kein Zuvorkommen (= Im Karate gibt es keinen ersten Angriff).

Pro agieren

Bei Miyamoto Musashi (»Fünf Ringe«) finden sich im »Buch Feuer« die drei Möglichkeiten, die Führung an sich zu reißen, darunter das »Ken-no-sen«, welches das zuvorkommende Agieren beschreibt. An anderer Stelle nennt er dieses Prinzip auch »*Das Schwert niedertreten*«: »*... Kurz gesagt handelt es sich darum, ihm in allem zuvorzukommen ...*«

Weitere Aussagen Musashis dazu: »*Denkst Du nur ans Parieren, Zurückschlagen oder Aufhalten des Gegners, wirst Du nicht in die Lage kommen, ihn wirklich zu treffen. Du musst völlig ausgefüllt sein von dem Gedanken: Dies alles dient nur dazu, ihn niederzuschlagen, ihn zu besiegen.*«

An anderer Stelle: »*Erkennst Du, dass der Gegner noch unentschlossen ist, so ziehe ohne äußere und innere Erregung Deine Klinge und schlage zu mit einem Streich.*«

Spezialkräfte der Exekutive bzw. des Militärs trainieren nicht ihre Spontaneität, sondern gehen offensiv vor und spielen spezielle Szenarien (Geiselbefreiungen etc.) durch, um das Risiko möglichst gering zu halten. Richard J. Machowicz, ehemaliger Angehöriger der »Seals«, hat die dort gelernten Strategien auf das simple Prinzip gebracht: »*Assess the situation, create a simple plan, take action, evaluate your progress.*«

Kelly McCann hat sich berufsbedingt ebenfalls mit dieser Problematik befassen müssen: »*When you´re attacked, the only thing you can be certain of is the presence of uncertainty. Taking avoidant action as early as possible at the first indication there may be a problem is the best course of action. Wait any longer and you may be screwed.*« An anderer Stelle: »*... it´s easier to make your attacker react to you than trying to react to him. Action is always faster than reaction. Remember, the best self-defense is explosive self-offense.*«

Lee Morrison meint zum Thema: »*... First of all I am talking from a situational perspective, where we have found ourselves in a confrontational sense, reacting to something that someone is either doing or is in the midst of doing to us. In other words we are defending, which as we all know is never the ideal, but if initiative is lost to the other guy then we must have a contingency plan in order to regain that said initiative ASAP.*«

---

20 Keith R. Kernspecht, Der Letzte wird der Erste sein, Das Geheimnis effektiver Selbstverteidigung, 2004.

Auch <u>Geoff Thompson</u> geht auf diese Frage ein und führt dazu aus: »*I am often told by the uninitiated that the victim should be spontaneous and that the response should vary according to the attack. This would mean having to wait until the assailant actually attacks before spontaneously reacting. That´s too late! Action is faster than reaction. If you allow the assailant to attack first, your chances of defending are minimal. If you are blindsided and the first you know of a situation is the attack itself, then, yes, you will respond spontaneously. But unless you are highly trained and pressure-tested, that response will often be capitulation.*«
Schlägt seine erste geplante Aktion jedoch fehl, so übernimmt auch bei ihm wieder die Spontaneität.

<u>Michel Ruge</u> schreibt: »*Bei einer Konfrontation mit einem Gewalttäter sollte man nicht so lange warten, bis man zuerst geschlagen wird, etwa aus der Angst heraus, damit selbst als Aggressor zu gelten. Wenn es keine Fluchtmöglichkeit gibt, ist eine schnelle und angemessene Verteidigung das einzig mögliche Mittel.*«

Auch andere haben sich zu diesem Thema – Aktion vs. Reaktion – Gedanken gemacht, so z. B. <u>Diane Skoss</u>[21]. Laut ihren Ausführungen dürfte es ganz allgemein ein Unterscheidungsmerkmal der »alten« Budo gegenüber den »neuen« Budo sein, dass erstere explizit auch Eigeninitiative trainieren, um einen unmittelbar bevorstehenden Angriff schon im Keim zu verhindern. In den »neuen« Budo werde eher betont, dass nur mit rein abwehrenden Techniken gearbeitet werden sollte.
In den klassischen, »alten« Budo heißt dieses Ergreifen der Initiative, um dem Angreifer zuvorzukommen, »sen no sen« bzw. »sensen no sen«: »*Sen no sen: pre-emptive action – using initiative to prevent the opponent's taking initiative.
Sensen no sen: pre-active action – using initiative to suppress or defeat an opponent before he has a chance to contemplate an attack.*«

In diesem Sinne sollte eigentlich der althergebrachte Ausdruck »Selbstverteidigung« – da doch eher defensiv konnotiert – durch den umfassenderen Begriff »Selbstschutz« ersetzt werden.

Trainingstipps

Das Training des <u>zuvorkommenden Agierens</u> ist relativ einfach, da sich jeder – im Falle der konkreten, aber noch undefinierten Bedrohung – auf seine »Lieblingsaktionen« beschränken kann.
Auch ist es hilfreich, dem Gegner vor Einleitung der eigenen Aktion eine »offene«

---

[21] Diane Skoss, Koryu Bujutsu: Classical Warrior Traditions of Japan, 1997.

Frage (also eine, die nicht mit »ja« oder »nein« beantwortet werden kann) zu stellen (z. B.: »*Wie heißt Ihre Mutter?*«). Damit ist das Gehirn des anderen unwillkürlich für eine kurze Zeit blockiert und der Gegner in diesem Moment so gut wie wehrlos (vgl. dazu schon im Kapitel »Verbale Strategien zur Kampfvermeidung«).

Jedoch muss ich mir vorweg über meine Ziele klar werden: Will ich nach Ausschaltung der Bedrohung möglichst viel Abstand zum Angreifer gewinnen oder – im Gegenteil – den Gegner unter Kontrolle halten? Diesbezüglich spielen die Umstände und die Persönlichkeit des Verteidigers eine große Rolle.

Reaktion bzw. Spontaneität lassen sich sehr gut mit geschlossenen bzw. verbundenen Augen trainieren, bei freier Angriffswahl (ausgenommen Schläge und Tritte in realem Tempo) durch den Trainingspartner. Wir haben die Erfahrung gemacht, dass man nach gewisser Zeit tatsächlich in eine Art »Flow«[22] gerät: Der Geist ist frei von Gedanken und Erwartungen, es zählt nur noch das »Tun« und das »Jetzt«.

Rechtliche Sichtweise

Auch der Gesetzgeber hat sich in Zusammenhang mit der Notwehrproblematik mit diesem Thema beschäftigt und sieht in gewissen Grenzen durchaus die Möglichkeit des Agierens.

Rechtslage in Deutschland:
§ 32 Notwehr
(1) Wer eine Tat begeht, die durch Notwehr geboten ist, handelt nicht rechtswidrig.
(2) Notwehr ist die Verteidigung, die erforderlich ist, um einen gegenwärtigen rechtswidrigen Angriff von sich oder einem anderen abzuwenden.

Ein Angriff ist *gegenwärtig*, sobald diese Bedrohung unmittelbar bevorsteht, gerade stattfindet oder noch andauert. Maßstab für das »unmittelbare Bevorstehen« ist hier die Wertung des § 22 StGB (Versuch).

Rechtslage in Österreich:
In § 3 des Österreichischen Strafgesetzbuches (StGB) zur Notwehr heißt es:
Abs. 1: Nicht rechtswidrig handelt, wer sich nur der Verteidigung bedient, die notwendig ist, um einen gegenwärtigen oder unmittelbar drohenden *rechtswidrigen Angriff auf Leben, Gesundheit, körperliche Unversehrtheit, Freiheit oder Vermögen von sich oder einem anderen abzuwehren …*

---

22 1975 beschrieben vom Psychologen Mihály Csíkszentmihályi.

Demnach darf man sich ebenfalls gegen einen unmittelbar drohenden Angriff zur Wehr setzen. »Unmittelbar drohend« bedeutet eine enge räumliche und zeitliche Nähe, der Angriff muss aufgrund der Situation unmittelbar zu erwarten sein. So hat die Rechtsprechung z. B. entschieden, dass ein Angriff unmittelbar droht, wenn der Aggressor sein Opfer zunächst verbal mit Ohrfeigen und dem Umbringen bedroht und sich sodann dem Opfer nähert.

Der letzte Augenblick einer erfolgversprechenden Handlung ist nach Ansicht von Dr. Franz Triendl (allgemein beeideter und gerichtlich zertifizierter Sachverständiger für Kampfsport und Mitglied des Unabhängigen Verwaltungssenates Tirol)[23] dann gegeben, wenn der Angreifer zwar noch nicht zuschlägt, aber zum Schlag ausholt.

1.6 Über Ziele klar werden: Verletzung oder Kontrolle

Die Erfahrung zeigt, dass viele Trainierende noch nie darüber nachgedacht haben, was sie mit ihren eingelernten Techniken überhaupt erreichen wollen, was der Zweck der ganzen Mühe ist (wobei man eigentlich den Trainern den Vorwurf machen muss, diesbezüglich nicht aufklärerisch tätig gewesen zu sein).

In einem Wettkampf sind solche Überlegungen unnötig: Ich lande in einem wunderbaren *Ude hishigi juji gatame* (ein Ellbogenhebel), der Gegner klopft ab, und ich habe gewonnen. Wie sieht es aber in der Selbstverteidigung aus?

Im Selbstverteidigungstraining sollte ich mir bei jeder Aktion überlegen: Was will ich überhaupt, zu welchem Ziel sollen mich meine Handlungen hinführen?

---

23   Richterzeitung (RZ) 2006/140ff.

Über Ziele klar werden: Verletzung oder Kontrolle

Im Grunde genommen gibt es für den erfolgreichen Verteidiger nur zwei Optionen:

Option 1
Der Verteidiger versucht, möglichst bald möglichst großen Abstand zwischen sich und dem Angreifer zu bekommen. Um dies zu gewährleisten, muss er den Angreifer an der Verfolgung hindern oder zumindest einen Zeitvorteil herausschinden, sprich, er muss ihm wehtun oder ihn verletzen (Prinzip »Hit and run«). Zumeist geschieht dies durch Schläge, Tritte oder simples Wegstoßen. Wenn es wirklich gefährlich wird, sollte dies vorrangig versucht werden.

Schmerz!

Flucht:

Ähnlich:

Option 2
Der Verteidiger bekommt den Angreifer unter Kontrolle; dies geschieht mittels Hebel-, Würge- oder Festhaltetechniken, eventuell mit vorhergehenden Schlag- oder Tritttechniken:

Fundamentale Prinzipien

Kontrolle

Und jetzt?

Diese Möglichkeit müssen natürlich in erster Linie **Sicherheitskräfte** wahrnehmen, sie ist aber auch bei einem **minder gefährlichen Angriff** denkbar (ein Bekannter oder Freund benimmt sich auf einer Feier – da angetrunken – daneben).
Ist die Kontrolle gelungen, stellt sich die Frage, wie diese Pattsituation wieder aufgelöst werden kann. Möglicherweise wird der Angreifer tausend Eide schwören, jeden weiteren Angriff zu unterlassen, wenn ihn der Verteidiger nur gehen ließe. Davon kann aber nur abgeraten werden. Dass er sich in dieser für ihn unbequemen Position wiederfindet, wird der Angreifer nämlich nicht auf die Überlegenheit des Verteidigers zurückführen, sondern darauf, dass er schlicht Pech gehabt habe. Ein zweites Mal werde ihm das bestimmt nicht passieren (denkt er). Ein neuerlicher Angriff ist daher so gut wie sicher.
Der Verteidiger muss daher warten, bis er durch Dritte vom – nunmehr kontrollierten – Angreifer befreit wird.
Sind derartige Dritte nicht zur Hand, muss sich der Verteidiger lösen, indem er die Kontrolltechnik kurz verstärkt, Schmerzen verursacht und so wieder einen zeitlichen Vorsprung zur erfolgreichen Flucht herausholt.
Ist man dazu nicht bereit, lässt sich der Angreifer eventuell – solange er noch kontrolliert wird – durch massive Drohungen (die sich jeder selbst ausmalen möge) einschüchtern und von seinem vermuteten Vorhaben abbringen; der Erfolg ist aber keineswegs garantiert.

Generell muss gesagt werden, dass eine Kontrolltechnik an einer Person in einem körperlichen oder psychischen Ausnahmezustand (Trunkenheit, Suchtgifte, Adrenalin) nicht zu empfehlen ist. Versucht man dennoch, eine solche Technik anzuwenden, kann dies geschehen mittels Hebeln, welche umso zuverlässiger sind, je größer das bedrohte Gelenk ist, da dadurch zusätzlich zum verursachten Schmerzreiz die Ganzkörperbewegungen eingeschränkt werden (leider erfordern größere Gelenke auch größeren Krafteinsatz). Somit gilt: Am unzuverlässigsten sind Fingerhebel, es folgen Hand-, Ellbogen- und schließlich Schulterhebel. Am sichersten erfolgt die Fixierung und/oder der Transport mittels Kontrolle des Kopfes, da so auch der restliche Körper in seinen Aktionen stark eingeschränkt ist. Sehr verlässlich (aber u. U. für den anderen riskant) ist auch die Kontrolle mittels kontrollierter Reduktion des Blutzuflusses zum Gehirn mittels Würgetechniken. [24]

1.7 Flucht oder Kampf?

<u>Sun Tsu</u>, Die Kunst des Krieges
XII
»... Bewege dich nicht, wenn du keinen Vorteil siehst; setze deine Truppen nicht ein, wenn es nichts zu gewinnen gibt; kämpfe nicht, wenn die Lage nicht kritisch ist. Kein Herrscher sollte Truppen ins Feld schicken, nur um einer Laune nachzugeben; kein General sollte aus Verärgerung eine Schlacht beginnen. Zorn mag sich mit der Zeit in Freude verwandeln; auf Verärgerung mag Zufriedenheit folgen. Doch ein Königreich, das einmal zerstört wurde, kann nie wieder errichtet werden; und auch die Toten können nicht ins Leben zurückgeholt werden.
So ist der erleuchtete Herrscher umsichtig, und der gute General voller Vorsicht. Dies ist der Weg, ein Land in Frieden und eine Armee intakt zu halten.«

Was ist die körperliche Reaktion auf Angst?
Wenn das Gehirn Gefahr wahrnimmt, werden Adrenalin und andere Botenstoffe ausgeschüttet, es wird quasi der Turbo aktiviert (man wird stärker, schneller und schmerzunempfindlicher), um entweder der Gefahr durch Flucht zu entkommen oder besser kämpfen zu können (Flucht- oder Kampf-Reflex, Laufen oder Raufen). Leider ist auch das Gehirn in diesem Moment nicht gut durchblutet (Denkblockade), der Mensch reagiert nun – überspitzt ausgedrückt – wie ein Reptil (Ähnliches kennt man z. B. auch bei schweren mündlichen Prüfungen: Blackout).

---

24 Vgl. Stefan Reinisch/Harald Marek, Fixier- und Transporttechniken, 2012.

Fundamentale Prinzipien

Seltsamerweise sind weder Flucht noch Kampf gesellschaftlich erwünscht. Von klein auf wird man belehrt, dass es falsch sei zu kämpfen, gleichzeitig wird man als Feigling angesehen, wenn man sich seinem Kontrahenten nicht stellt. Daraus ergeben sich dann natürlich Probleme.

Alle Fachleute[25] mit praktischer Erfahrung betonen aber, dass Flucht immer dem Kampf vorgezogen werden sollte.

John Perkins bringt es auf den Punkt, und dieser Satz sei allen Trainierenden ins Stammbuch geschrieben: »*Unless you´re cornered, if you have enough space to spar, you have enough space to run.*« Vielleicht hat er ja Homer gelesen: »*Besser, wer fliehend entrann der Gefahr, als wen sie ereilet!*«[26]

In Situationen extremer Bedrohung (eine Konfrontation eskaliert unerwartet schnell, es bleibt keine Zeit, um sich darauf einzustellen) verursacht dieser erwähnte Adrenalinstoß oft eine richtige **Angst-Starre**, man versteinert und ist zu keiner vernünftigen Handlung mehr fähig. [27]
Weitere Symptome können sein:
- zitternde Knie
- zitternde Hände
- trockener Mund
- hohe, zittrige Stimme
- schwitzende Hände und Stirn
- Übelkeit
- Tunnelblick
- Harn/Stuhldrang (»Ballast« abwerfen)
- gestörte Zeitwahrnehmung (schneller oder langsamer)
- »Angstgrinsen« zur Beruhigung des Gegners.

Manche Symptome können auch erst nach dem Ereignis auftreten (z. B. Übelkeit, nachdem man mit Glück einen schweren Verkehrsunfall vermeiden konnte)! Es dauert nach einer Stresssituation bei guten Bedingungen ca. 30 Minuten, bis der Hormonhaushalt wieder ausgeglichen ist.

---

25 Geoff Thompson, The art of fighting without fighting, 1998; ders., Dead or Alive – The Choice is Yours, 2004; John Perkins, »Attack proof«, 2000; Keith R. Kernspecht, Blitzdefence – Angriff ist die beste Verteidigung, 2002; Kelly McCann, Combatives for Street Survival: Hard-Core Countermeasures for High-Risk Situations, 2009; Lee Morrison, Urban Combatives, 2003.
26 Ilias, 14. Gesang, 81 / Agamemnon.
27 Entspricht dem »Totstellen« im Tierreich, funktioniert aber nur bei kurzsichtigen Nashörnern.

2 Technikprinzipien

Achtung: Die nachfolgenden Prinzipien sind nicht in Stein gemeißelt! Vielmehr stellen sie eine Momentaufnahme unseres Wissensstandes und unserer »Budo-Biografie« dar. Es ist also denkbar, dass wir in näherer oder ferner Zukunft eines (oder mehrere) dieser Prinzipien so nicht mehr formulieren würden. Die Evolution gilt auch für unseren Budo-Weg.☺

2.1 »Sicherheitsabstand«

Nachdem es bisher nicht gelungen ist, die Situation zu beruhigen, folgt die körperliche Annäherung, oft verbunden mit weiteren Beleidigungen oder Herausforderungen. Dabei wird bewusst die persönliche Sphäre des anderen verletzt.[28]

Der »Zaun«

Jetzt ist es höchste Zeit, den **»Zaun«** (durch Geoff Thompson berühmt geworden als »The Fence«) aufzubauen, also eine Barriere zwischen sich und dem anderen zu schaffen. *Zwei Möglichkeiten sehen wir dafür:*

1) Man kann den anderen auf Abstand von einer kompletten Armlänge[29] halten, am besten im Bereich des Brustbeins. Eventuell muss man dazu einen Schritt zurück machen. Nicht schubsen!

---

28 Auch Menschen zeigen ein Territorialverhalten, wenn sie z. B. in Zügen die leeren Sitzplätze neben sich mit ihrem Gepäck belegen oder beim »Kampf« um die Armlehne im Kino; vgl. dazu auch Julius Fast, Körpersprache, 2000; John »Lofty« Wiseman, City-Survival, 1999; Michel Ruge, Das Ruge-Prinzip, 2010.

29 Wird schon von Rex Applegate als Grundregel bezeichnet: Rex Applegate, Kill or get killed, 1976; Tim Bärsch/Marian Rohde, Kommunikative Deeskalation, 2008.

Technikprinzipien

2) Die »*italienische Methode*«: Emotion! Mit den Händen reden, erklären, gestikulieren, deuten! Die Schultern zucken im Nichtverstehen usw. Diese Methode ist die subtilere, aber auch die schwierigere: Sie darf zum einen nicht gekünstelt wirken, zum anderen wollen wir durch hektische Bewegungen keine reflexartigen Reaktionen provozieren.

Warum nehmen wir keine »Kampfhaltung«[30] ein?

---

30 Sorry, hier natürlich überzeichnet dargestellt. ☺

»Sicherheitsabstand«

Weil wir uns leichter tun, wenn das Überraschungsmoment auf unserer Seite ist. Wir haben alle Vorteile einer »Kampfhaltung«, ohne dass dies dem anderen bewusst ist. Die Einnahme einer im Dojotraining gewohnten »Kampfposition« kann den Angriff erst recht provozieren, da sie als Herausforderung interpretiert wird (*Komm her, wenn du dich traust!)*! Dieser Umstand wird von vielen Fachleuten immer wieder betont.[31]
Auch in Hinblick auf spätere Zeugenaussagen (»*Der Typ hat sofort eine Kampfstellung eingenommen!*«) ist eine derartige »harmlose« Haltung zu empfehlen.[32]

Verbale Reaktion:
Verbunden mit der physischen Barriere geben wir kurze Anweisungen wie »*Halten Sie Abstand!*«, »*Bleiben Sie, wo Sie sind!*« oder schlicht und einfach »*Stopp!*«. Damit wissen auch eventuelle Zeugen, wie die Rollen verteilt sind. Oder wir versuchen es mit Fragen bzw. mit paradoxer Intervention. Näheres im Kapitel »Verbale Strategien zur Kampfvermeidung«.

---

[31] John Perkins, Attack proof: the ultimate guide to personal protection, 2000; Geoff Thompson, The Fence, 1998; ders., 3 Second Fighter, 1997; Keith R. Kernspecht, Blitzdefence – Angriff ist die beste Verteidigung, 2002; John »Lofty« Wiseman, City-Survival, 1999; Michel Ruge, Das Ruge-Prinzip, 2010.

[32] Zur Manipulierbarkeit sogenannter »Zeugen« eine Hörensagen-Geschichte: Zwei junge Männer haben sich zum Schein auf offener Straße geprügelt. Einer ging zu Boden und wurde vom anderen »zusammengetreten«. Der Treter schrie dabei um Hilfe. Danach nannten die befragten »Zeugen« den Treter als das Opfer, das sich bloß verteidigte.

Folgende Vorteile ergeben sich daraus

Wir nehmen vom anderen nicht bloß das Gesicht wahr (eventuell weiter eingeschränkt durch unseren Tunnelblick als Folge des Adrenalinausstoßes),

sondern aufgrund des größeren Abstandes auch den Bereich der Schultern sowie dessen Arme und Hände. Dadurch können wir einen Angriff früher erkennen und aufgrund des erhöhten Sicherheitsabstandes hoffentlich rechtzeitig reagieren.

Auch wenn wir optisch vielleicht abgelenkt sind, alarmiert uns unser Tastsinn, wenn der andere sich annähert.

Gerade hinsichtlich des Blickverhaltens in einer Selbstverteidigungssituation wird viel Unsinn verbreitet, so z. B. »*Ich lese in den Augen des Angreifers und erkenne dessen Absichten.*« Den tiefen Blick in die Augen sollte man sich für romantischere Gelegenheiten aufsparen.
Man könnte einfach die Frage stellen, ob jemand schon mal durch Blicke körperlich verletzt wurde, oder ob dies vielleicht nicht doch durch die Hände und Fäuste des Angreifers geschah.

»Sicherheitsabstand«

Achten wir also auf die Hände des anderen. Ballt er schon die Fäuste? Verbirgt er eine Hand (z. B. am Körper, hinter dem Bein) oder hält er sie merkwürdig steif, ist das verdächtig (Messer?). Allerdings klingt dieser Rat nicht so sehr nach fernöstlicher Weisheit, wie sie oft von Trainern erwartet und von diesen auch oft genug geliefert wird …

Grün verbirgt aus gutem Grund seine Hand hinter dem Bein:

Auch hier hat Grün das Messer bereits in der Hand:

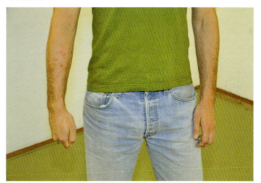

43

 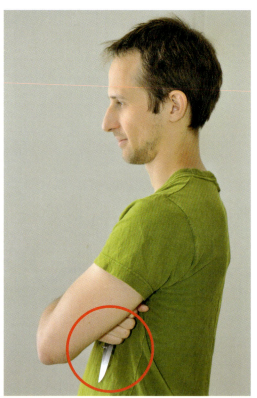

Auch kann es verwirrend auf den Aggressor wirken, wenn man ihm nicht ins Gesicht, sondern an ihm vorbei quasi »ins Leere« blickt. Dies entspricht oft nicht dem erwarteten Verhalten. Trotzdem nimmt man den anderen dank des peripheren Sehens (das Blickfeld beträgt ca. 180°) wahr. Das periphere Sehen wird aber nur funktionieren, solange es nicht – ob wir wollen oder nicht – durch den Tunnelblick abgelöst wird.

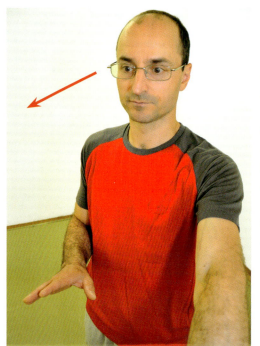

Geoff Thompson empfiehlt, den anderen maximal zweimal gegen den »Zaun« angehen zu lassen. Spätestens dann heißt es reagieren, wenn man nicht einen Ringkampf riskieren will.

Hält sich der andere in Folge der demonstrierten Armhaltung an einem Handgelenk fest (wobei die Wahrscheinlichkeit dafür bei der »italienischen Methode« aufgrund ihrer Dynamik geringer ist), so ist das nicht unbedingt von Nachteil, ist doch damit klar, auf welche Hand der Verteidiger zu achten hat. Die haltende Hand können wir – auch wenn es jede Menge an »Befreiungstechniken« gibt – an sich vergessen, das Konzept »Sicherheitsabstand« funktioniert weiterhin.

Grün hält Rot am Handgelenk:

Kommt nur das geringste Anzeichen einer weiteren Bedrohung (Heben der Hand, Ballen der Faust), ist nun der Moment gekommen, wirksame Gegenmaßnahmen zu ergreifen (vgl. dazu die Ausführungen zur Rechtslage im Kapitel »Agieren oder reagieren?«):

Die weitere Vorgehensweise sollte sich jeder im Vorhinein überlegen.

2.2 Die erste Technik einer Abwehr ist die wichtigste

Wie schon in der Einleitung erwähnt, tun sich manche Schüler leichter, eine Kampfkunst über einzelne Techniken anstatt über Konzepte und Prinzipien zu erlernen (ebenso wie es Lehrer gibt, die sich mit dieser Art des Lehrens leichter tun). So werden »Antworten« auf die verschiedenen Angriffsarten trainiert. Eine derartige Antwort besteht üblicherweise aus mehreren Techniken und Bewegungen, einer sogenannten »Verkettung«. Das Problem dabei ist, dass ein Schüler normalerweise nicht erkennt, dass die gesamte Kette in sich zusammenfällt, wenn die erste Bewegung/die erste Technik (die oft nicht besonders auffällt) nicht stimmt oder die erste Technik vielleicht überhaupt nicht als entscheidend erkannt wird. Der Rest wird – weil vielleicht auch spektakulär anzusehen – mit Feuereifer trainiert, in Wahrheit drischt der arme Schüler nur noch leeres Stroh. In der Realität aber würde er »verdroschen« werden …

Beispiele:
Grün kommt bedrohlich näher, Rot baut den »Zaun« auf. Grün fasst diagonal Rots Handgelenk und holt zu einem Schlag aus:

Rot reagiert kampfkunstmäßig mit einer klassischen Hebeltechnik (*Kote mawashi*). Das Augenmerk der Schüler ist dabei natürlich auf die Hebeltechnik gerichtet; sie glauben, die ganze Aktion dreht sich einzig darum. Was sie nicht wissen: Entscheidend ist die kleine Seitwärtsbewegung, die Rot aus dem Gefahrenbereich – weg von der freien Schlaghand – bringt. Der Hebel ist nur das Tüpfelchen auf dem »i«. Es wären nach der Seitwärtsbewegung auch viele andere Techniken möglich gewesen:

Technikprinzipien

Ohne Seitwärtsbewegung:

Grün fasst Rot am Revers und ballt die Faust. Rot schlägt eine schnelle Schocktechnik zu Grüns Gesicht und setzt dann einen Schulterhebel (*Gyaku ude garami*) an:

Die erste Technik einer Abwehr ist die wichtigste

Jede Wette, bei 9 von 10 Trainingspaaren wird der Schockschlag entweder gar nicht gesetzt oder höchstens angedeutet, weil es ja vermeintlich auf den Hebel ankommt.

Auch bei Schlagangriffen geht es in erster Linie darum, nicht getroffen zu werden. Wie dies geschehen kann, wird im Kapitel »KISS« beschrieben (Kopf schützen), aber auch im Kapitel »Wahrscheinlichkeiten« (schnelle Schocktechnik zum Gesicht) und im Kapitel »Die sichere Außenseite«. Darum geht es! Der Rest (Würfe, Schläge, Tritte, Hebel etc.) ist bloß Beiwerk.

Damit verfolgen wir eine Strategie, die schon <u>Musashi</u> in seinem Buch »Fünf Ringe« beschrieben hat:
»›Aufs Kissen drücken‹ bedeutet soviel wie ›jemanden den Kopf nicht heben lassen‹. Beim Kämpfen ist es nie gut, wenn man sich vom Gegner lenken lässt und dadurch ins Hintertreffen gerät. Das Ziel muss immer und unter allen Umständen sein, den Gegner so zu lenken, wie man selbst es will. Natürlich wird auch der Gegner das Gleiche versuchen; aber er kann nicht zum Zuge kommen, wenn du es nicht zulässt. Bei dieser Taktik musst du sein Schwert abfangen, wenn er es gerade zum Schlag hebt, musst sein Schwert nach unten lenken, wenn er gerade zustoßen will, musst ihn abschütteln, wenn er sich gerade an dich klammern will. Das nennt man ›aufs Kissen drücken‹«.
Verstehen wir die Wichtigkeit dieses Prinzips nicht, werden wir geschlagen, getreten, getroffen und überrannt werden.

2.3 »KISS«-Prinzip (»Keep it short & simple«)[33]

Brüder Grimm:
Der Fuchs und die Katze
Es trug sich zu, dass die Katze in einem Walde dem Herrn Fuchs begegnete, und weil sie dachte: Er ist gescheit und wohl erfahren und gilt viel in der Welt, so sprach sie ihm freundlich zu. ›Guten Tag, lieber Herr Fuchs, wie geht's, wie steht's? Wie schlagt Ihr Euch durch in dieser teuren Zeit?‹ Der Fuchs, allen Hochmutes voll, betrachtete die Katze von Kopf bis zu Füßen und wusste lange nicht, ob er eine Antwort geben sollte. Endlich sprach er: ›O du armseliger Bartputzer, du buntscheckiger Narr, Hungerleider und Mäusejäger, was kommt dir in den Sinn? Du unterstehst dich zu fragen, wie´s mir gehe? Was hast du gelernt? Wie viel Künste verstehst du?‹ – ›Ich verstehe nur eine einzige‹, antwortete bescheiden die Katze. ›Was ist das für eine Kunst?‹ fragte der Fuchs. ›So die Hunde hinter mir her sind, kann ich auf einen Baum springen und mich retten.‹ - ›Ist das alles?‹ sagte der Fuchs, ›ich bin Herr über hundert Künste und habe überdies noch einen Sack voll Liste. Du jammerst mich, komm mit mir, ich will dich lehren, wie man den Hunden entgeht.‹ Indes kam ein Jäger mit vier Hunden daher. Die Katze sprang behände auf einen Baum und setzte sich in den Gipfel, wo Äste und Laubwerk sie völlig verbargen. ›Bindet den Sack auf, Herr Fuchs, bindet den Sack auf‹, rief ihm die Katze zu, aber die Hunde hatten ihn schon gepackt und hielten ihn fest. ›Ei, Herr Fuchs‹, rief die Katze, ›Ihr bleibt mit

---

33 Manchmal auch »Keep it simple, stupid«.

Euern hundert Künsten stecken. Hättet Ihr heraufkriechen können wie ich, so wär's nicht um Euer Leben geschehen.‹

Wir wollen uns nun an diesem Prinzip orientieren, um die für den Fall eines Angriffes realistisch einsetzbaren Techniken aus dem bei den meisten Kampfsportlern/-künstlern vorhandenen großen Repertoire herauszufiltern.

Wie schon des Öfteren erwähnt, kommt es bei einer plötzlichen Konfrontation oder einem physischen Angriff zu einer massiven körperlichen Reaktion (Tunnelblick, unkontrollierbares Zittern etc.). Adrenalin wird ausgeschüttet, um den Körper auf die erhöhten Anforderungen einer Flucht oder eines Kampfes vorzubereiten. Dabei wird vermehrt Blut in die Muskulatur umgeleitet, welches dann im Gehirn fehlt. Aus diesem Grunde berichten viele Opfer eines Übergriffs von einem Gefühl, als seien sie für die Zeitdauer der Auseinandersetzung in einem »Schwarzen Loch« gefangen gewesen. Sie haben keinerlei Erinnerung daran, was nun genau im Einzelnen abgelaufen ist, mit welchen Techniken sie sich (hoffentlich erfolgreich) zur Wehr gesetzt haben.

Auf einem JuJitsu-Lehrgang konnten wir einmal beobachten, wie mit Danträgern ein polizeilicher Zugriff nachgestellt und trainiert wurde. Drei Personen sollten dabei einen einzelnen Übeltäter plötzlich und überraschend überwältigen und festhalten. Trotz der – in Summe – anwesenden Jahrzehnte wenn nicht sogar Jahrhunderte an Budo-Erfahrung sahen die Aktionen immer gleich aus: ein mehr oder (meist) weniger elegantes Zu-Boden-Reißen mit anschließendem Festhalten der Arme und Beine. Keiner der bekannten Würfe oder Festhaltetechniken wurde eingesetzt …

Worauf wollen wir hinaus?

Neue Situationen sind mit Stress verbunden. Überlegtes Handeln ist dann schwierig. *Was daher nicht ausreichend trainiert und automatisiert wurde, ist nicht abrufbar.*[34] Je einfacher die trainierten Aktionen gehalten werden, desto höher ist die Wahrscheinlichkeit, dass sich diese Verhaltensmuster in unser Gehirn einprägen. Je komplexer unsere Aktionen und Kombinationen ausfallen, desto weiter entfernt man sich von dem Anspruch, eine effiziente Selbstverteidigungsmethode zu trainieren, weil sich mit der Anzahl der Verteidigungstechniken aus denen gewählt werden kann, auch unsere Reaktionszeit erhöht (»Hick´s law«[35]). Eher muss man dann von der Kampfkunst sprechen (»Meister der 1000 Techniken«).

---

34 Und selbst dann funktioniert es oft nicht wie gewünscht, ein Beispiel hierfür stellt das »richtige Fallen« dar: Auch ein hoher Danträger wird sich, wenn er vom Sturz überrascht wird (Glatteis), mit der Hand abstützen, da dann das »Notprogramm« des Körpers übernimmt. Ausführlich dazu: Ralf Pfeifer, Das Geheimnis des Sieges – Die physikalischen Grundlagen des Kampfsports, 2010.

35 »Hick´s law«, nach William Edmund Hick (Britischer Psychologe, 1912–1974).

»KISS«-Prinzip (»Keep it short & simple«)

Will man daher zu einem effektiven Kampfpotenzial kommen, macht es wenig Sinn, sich instinktive Verhaltensweisen abzutrainieren und sie durch »schöne« und »stiltreue« Techniken zu ersetzen. Vielmehr muss danach getrachtet werden, die Anzahl an notwendigen Entscheidungen zu reduzieren sowie »feinmotorische« Techniken (z. B. komplizierte Hand- oder Fingerhebel) durch solche, die sich auch noch mit heftig zitternden Gliedmaßen durchführen lassen, zu ersetzen (Bevorzugung der Grobmotorik).

==Ist man sich nicht sicher, ob die trainierten Techniken »ernstfalltauglich« sind, gibt es nur eine Methode, um dies zu überprüfen: Der Trainingspartner greift mit vollem Tempo an.==

Wie sehen beispielhaft derartige instinktive Reaktionen aus?

In (auch nur vermeintlich) bedrohlichen Momenten (z. B. ein lauter Knall) wird der Schwerpunkt abgesenkt, werden die Schultern gehoben und gleichzeitig automatisch der Kopf mit den Armen geschützt. Die Stellung wird stabilisiert, das Angriffsziel verkleinert und der wichtigste Teil des menschlichen Körpers – der Kopf – geschützt. Diese Haltung ist geradezu ideal als **Erstreaktion** auf einen überraschenden oder unspezifischen Angriff, egal, ob rechts, links, gerade oder kreisförmig geschlagen wird. Gleichzeitig dienen die Ellbogen als respekteinflößende »Abstandhalter«, sollte der Angreifer klammern wollen:

Kopfschutz!

Technikprinzipien

Der Instinkt nimmt für uns sozusagen eine Güterabwägung vor. Der Kopf ist wichtiger als der Rumpf. Man darf jedoch nicht glauben, dass diese Haltung eine starre, quasi »eingefrorene« ist. Im Gegenteil, sie ist sehr dynamisch (die Bewegungen ähneln denen beim Haare waschen) und wird mit den Ausweichbewegungen des Körpers kombiniert.

Nach dieser ersten rettenden Aktion kommen wieder die übrigen antrainierten Verhaltensweisen – abhängig von der Kampfsportbiografie des Betreffenden – zu ihrem Recht, seien es Schläge, Tritte oder Wurftechniken. Lee Morrison spricht daher auch von einer »Übergangstechnik«, um die Initiative wiederzuerlangen.

Diese Reaktion ist ein zentrales Konzept von John Perkins, Lee Morrison[36] sowie dem Kampfsystem »Keysi«[37]. Auch Vince Morris betont die Nützlichkeit dieser ersten reflexhaften Reaktion, um den ersten chaotischen und überraschenden Moment des Angriffs zu überstehen. Mark Hatmaker[38] nennt diese Abwehr »Stonewall Defense«.

Man kann auch sehr viel bei so genannten »Sandkasten-Streitereien« von Kleinkindern lernen: Da wird – oft mit hohem Tempo – mit den Händen gegen das Gesicht des Kontrahenten geschlagen, mit den Füßen gegen die Schienbeine getreten, an den Haaren gerissen und gebissen. Diese Kampftechniken sind in ihrer Ausführung grobmotorisch und haben sich für den Homo sapiens im Laufe seiner Evolution offenbar bewährt.

Schläge zum Gesicht:

---

36 Lee Morrison hat unter http://www.urbancombatives.com/defaultart.htm einen sehr aufschlussreichen Artikel über die diversen »Erstschutzkonzepte« geschrieben.
37 https://www.keysikfm.com/en.
38 Mark Hatmaker, Savage Strikes: The Complete Guide to Real World Striking for NHB Competition and Street Defense, 2004.

»KISS«-Prinzip (»Keep it short & simple«)

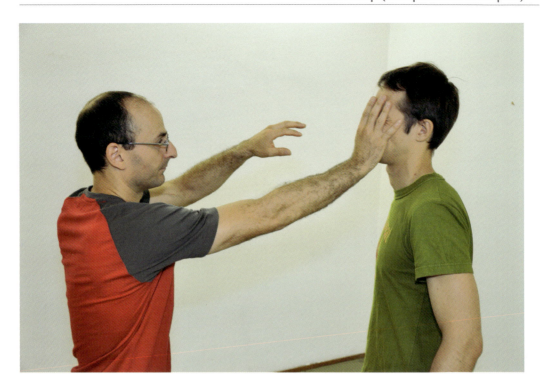

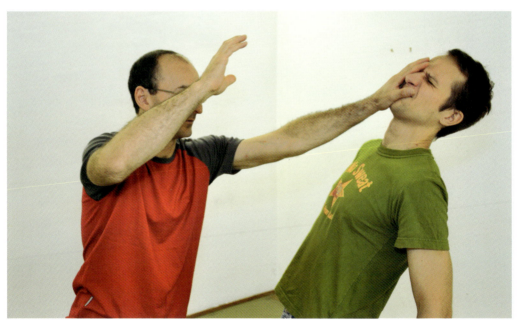

Tritte an die Beine:

Haare fassen:

»KISS«-Prinzip (»Keep it short & simple«)

Beißen:

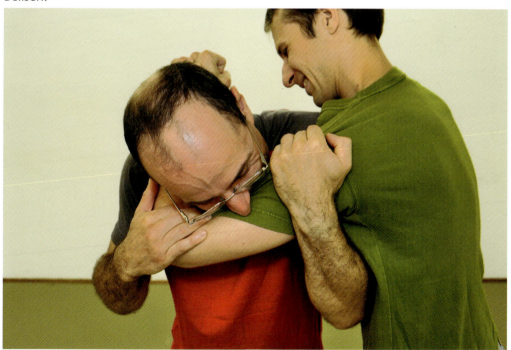

Instinktive Reaktionen sind so gesehen als Stärken zu sehen, nicht als Schwächen.

Militärische Sichtweise

Dieses Prinzip der Vereinfachung wurde aus einer militärischen Notwendigkeit heraus systematisch aufgearbeitet. 1943 wurde von Colonel Rex Applegate die erste Ausgabe von »Kill or get killed« als Instruktionsvorlage für die amerikanischen Soldaten im Zweiten Weltkrieg veröffentlicht, woraus sich dann das Nahkampfsystem »Close combat« entwickelte.[39] Zum damaligen Zeitpunkt hatten die Amerikaner großen Respekt vor den Nahkampffähigkeiten der Japaner und sahen sich gezwungen, ihren Soldaten binnen sehr kurzer Zeit ein ähnliches Kampfpotenzial beizubringen. Darüber hinaus gestand Applegate ein, dass es seinen Landsleuten auch an Geduld dafür fehlen würde, Jahre des Trainings aufzuwenden, um »Judo- oder Jiu-Jitsu-Experte« zu werden. Er konzentrierte sich demnach auf wenige Kampfprinzipien, die rasch und instinktiv erlernt werden konnten.

Ein anderes Ausbildungsbuch dieser Zeit stammt von *David W. Morrah* (»Dirty Fighting«, 194?)[40]: »*It is believed that too much instruction will confuse you. A few fundamentals, well learned and skillfully used are better than a sketchy knowledge of the entire field of hand-to-hand combat. The purpose of this course is to teach principles rather than specific methods.*«

Auch das britische *SAS* (Special Air Service) setzt bei seinen Nahkampftechniken auf Einfachheit und Tempo. Je schneller der Kampf vorbei ist, desto geringer ist das eigene Risiko.[41]

Jim Wagner brachte seine Erfahrungen als Angehöriger der US-Armee und der Exekutive in sein eigenes Kampfsystem (»Reality-Based Personal Protection«) ein. Auch er hat die Erfahrung gemacht, dass nur simple Techniken in Stresssituationen funktionieren und gerade die Einfachheit als Stärke anzusehen ist: »*The mind is overloaded with a multitude of technical techniques rather than relying on simple principles.*«

Vergleichbare Aussagen finden sich bei Kelly McCann (»Combatives for street survival«): »*Developing an effective combatives curriculum is a continual process of asking yourself, ›What can I get rid of?‹ and not saying, ›I should add that just in case.‹*«

Zivile Umsetzung

Weniger ist oft mehr. Das haben nicht nur die Militärs erkannt.
Mikinosuke Kawaishi (1899–1969, Begründer des gleichnamigen JuJitsu-Stils) als tradi-

---

39 Rex Applegate, Kill or get killed, 1976; z. B. Close Combat, U.S. Marine Corps, 1999.
40 Zu finden im Internet.
41 Vgl. John »Lofty« Wiseman, City-Survival, 1999.

tioneller Meister der Kampfkunst betonte immer wieder, um effektiv zu bleiben, dürfe man »*ne pas compliquer*«.

Haruyoshi Yamada (9. Dan Shito-ryu Karatedo, 4. Dan Kodokan Judo) formuliert es so: »*Geheime Technik entsteht durch Basisarbeit.*« (»*Ougi wa kihon ni ari.*«)

Vince Morris (8. Dan Kissaki-kai Karate-Do): »*It is better not to practice many techniques – fewer is better in self-defense. It is a well-documented physiological fact that under great stress, the mind is unable to choose between a variety of techniques …It is far better to have one technique that will operate successfully in a number of different attack scenarios than to learn a different technique for each one.*«

Hier eine Aussage des »Praktikers« Geoff Thompson zum Thema: »*So whilst it is nice to know how to bar and choke and escape from on your back it is also worth remembering that the real bread and butter techniques are, whenever possible, the order oft he day. If you look too hard for the hidden you´ll miss the obvious.*« Effektivität werde aber leider oft mit der Kompliziertheit der Techniken verwechselt.

Auch Peyton Quinn weist immer wieder auf die Tatsache hin, dass echte Kämpfe schlampige Angelegenheiten seien. Der Grund dafür sei seiner Ansicht nach, dass die wenigsten Leute oft genug in richtige Kämpfe gerieten, um sich an die psychische Belastung einer derartigen Ausnahmesituation gewöhnen zu können. Folglich sehe man in einem echten Kampf selten viel Technikeinsatz. Der andere Grund bestehe darin, dass im Unterschied zu einem Wettkampf ein richtiger Kampf nicht länger als fünf Sekunden dauere. Allein dadurch sei ein umfangreicher Technikeinsatz limitiert.

In dieselbe Richtung gehen die Denkansätze von John Perkins (der sein System bezeichnenderweise »Guided Chaos« nennt). Seinen Erfahrungen als ehemaliger New Yorker Polizeioffizier nach laufen wirkliche Kämpfe absolut chaotisch ab. Er stellt daher die Frage, warum diametral dazu in so vielen Kampfkunstsystemen hauptsächlich formalisierte Techniken trainiert werden und befürwortet stattdessen von Anfang an das Trainieren von Konzepten. Wurden diese einmal verstanden, könne darauf aufgebaut werden. Das Ziel steht somit über der Form, also Zielorientierung vor Technikorientierung; anders ausgedrückt, »form follows function«.
Er vertritt damit genau den umgekehrten Weg vieler traditioneller Kampfschulen, welche zuerst Techniken (oder Bewegungsabläufe: »Katas«) vermitteln, aus denen die Schüler nach vielen Jahren harten Trainings im Idealfall selbst die Konzepte ableiten sollen.

Zur Beantwortung der Frage, die sich wahrscheinlich jeder Kampfsportler/-künstler früher oder später stellt, ob nämlich die trainierten Techniken »straßentauglich« sind, gibt Kelly McCann sinngemäß folgenden Hinweis: »*Unter Stress wird es extrem schwierig, wenn nicht sogar unmöglich, mit Techniken zu arbeiten, die ein hohes Maß an Feinmotorik erforderlich machen (man stelle sich z. B. vor, mit zitternden Händen einen Fingerhebel ausführen zu wollen). Daher sollte man sich lieber auf die grobmotorischen Techniken verlassen und diese entsprechend trainieren.*«

Dieser Rat ist nicht in Gold aufzuwiegen! Einen Preis in herausragender Eleganz wird man so allerdings nicht gewinnen …

Während Geoff Thompson, Peyton Quinn, Kelly McCann und Jim Wagner technisch in der »harten« Ecke anzusiedeln sind, bevorzugt John Perkins runde, nachgiebige Lösungen. Man sieht also: Die ursprüngliche Kampfsport-Herkunft spielt bei intensiver Auseinandersetzung mit der Thematik keine Rolle, das Ergebnis ist dasselbe.

Zusammenfassung

Ein Ausdruck des »KISS-Prinzips« ist also der Vorrang von Konzepten und Prinzipien gegenüber einem Übermaß an Techniken.

Konzepte sind gewissermaßen die »Generallösung« für diverse Herausforderungen, Techniken stellen dagegen die »Speziallösung« für ein spezifisches Problem dar. Das spezifische Problem muss erkannt und kognitiv verarbeitet werden, bevor es durch eine bestimmte Technik gelöst werden kann (»wenn – dann«, »Aktion – Reaktion«). Das dauert seine Zeit, es müssen Entscheidungen getroffen werden, der Verstand ist blockiert, die Verteidigung bleibt erfolglos (Stichwort »Hick´s law«). Dagegen stellen Konzepte eher das Handeln aus dem Bauch heraus dar mit dem Ergebnis, dass man sich nach erfolgreicher Verteidigung oft gar nicht mehr daran erinnern kann, was genau man eigentlich getan hat. Ihre »Feuerprobe« bestehen Konzepte dann, wenn sie auch bei Angriffen in realistischem Tempo funktionieren.

Dies ist auch der Grund, warum Miyamoto Musashi mit seinem Buch der »Fünf Ringe« auch heute und abseits des Schwertkampfes noch so gefragt ist, weil er nicht mit Techniken, sondern mit Konzepten gearbeitet hat: »*Wenn in anderen Schulen eine Vielzahl von Schwerttechniken gelehrt wird, so geschieht dies offenbar in geschäftstüchtiger Absicht und um die Bewunderung der Anfänger zu erregen … Denn es ist grundsätzlich falsch, zu glauben, es gäbe zahlreiche verschiedene Methoden, um einen Gegner im Kampf zu schlagen.*«

Dem ist nichts hinzuzufügen.

2.4 Mit Wahrscheinlichkeiten arbeiten

Wer mit dem Training einer Kampfsportart oder Kampfkunst beginnt, möchte unserer Erfahrung nach i. d. R. möglichst bald über ein annehmbares Selbstverteidigungspotenzial verfügen. Womit wird aber in vielen Schulen und Vereinen begonnen? Mit dem Parieren von Angriffen, das direkt aus der Abwehr von Schwerthieben abgeleitet ist, mit raffinierten Hebeltechniken gegen den typischen »Film-Würger«: statisch, beide Hände um den Hals des Opfers, und dies von vorne, von der Seite, von hinten (sieht dann oft eher nach einer Massage aus). Oder die Anfänger werden sogleich in die Feinheiten des Boden(wett)kampfes eingeführt. Entweder sind sie nun frustriert und werfen das Handtuch, oder sie halten die Art der gezeigten Angriffe für real.
Selbstverständlich kann man auch die Reaktionen gegen ausgefallenere Angriffe trainieren. Sinnvoller ist es aber, sich für das erste halbe Jahr auf die Handvoll von Angriffen zu konzentrieren, die nach der Wahrscheinlichkeit ganz oben auf der Liste stehen.[42]
Diese hängen natürlich vom sozialen Umfeld ab, in welchem man sich bewegt (ist das Antippen mit dem Zeigefinger am Brustbein des Gegenübers das Maximum, sitzen die Messer locker, oder trägt jeder doch lieber gleich eine großkalibrige Waffe bei sich?), aber auch das Geschlecht spielt eine Rolle (Angriffe gegen Männer laufen in der Regel anders ab als solche gegen Frauen).
Zwar hört man oft (besonders von »harten Burschen«, die schon ein bewegtes Leben hinter sich haben), dass »jede Schlägerei anders abläuft«, man fragt sich dann aber, ob wirklich alle anderen Profis unrecht haben: Liegen Institutionen wie Armee, Polizei, Feuerwehr, Rotes Kreuz, Bergrettung, Autofahrerclubs falsch, wenn sie Szenarien nach Kriterien der Wahrscheinlichkeit trainieren? Ist die Pilotenausbildung im Flugsimulator nur Augenauswischerei, das Fahrsicherheitstraining reine Abzocke? Eine Übung ist nicht die Realität. Aber wenn ich diese nicht hundertprozentig simulieren kann, dann bringen mir vielleicht die 70 % auch schon etwas.

Droht also eine handfeste Auseinandersetzung, in welcher höchstwahrscheinlich die Fäuste fliegen werden, sollte man daher mit folgenden Szenarien vertraut sein[43]:
- Die **verbale Vorkampfphase** wurde schon im Kapitel »Verbale Strategien« ausführlich behandelt und sollte einen beträchtlichen Teil des Trainings ausmachen.
- Zur Phase des »Physischen Interviews« (die Reaktionen des Opfers werden getestet) gehört das **Schubsen**. Man sollte sich aber darüber im Klaren sein, dass selbst in dieser Phase der **Rückzug** oft noch möglich ist.

---

42 Wir **reagieren** also auf den Angriff (vgl. dazu im Kapitel »Agieren oder Reagieren?«). Vgl. dazu auch Lee Morrison, Urban Combatives, 2003.
43 So auch schon Rex Applegate, Kill or get killed, 1976; vgl. Keith R. Kernspecht, Blitzdefence – Angriff ist die beste Verteidigung, 2002.

- Nächste Phase, nun wird es handfest. Den Zeitpunkt des »Agierens« haben wir verpasst bzw. stellt Agieren für uns aus ethischen Überlegungen keine Option dar. Frage: Wo wird in einer <u>Schlägerei</u> instinktiv hingeschlagen? Antwort: zum **Kopf** des Opfers.

Mit Wahrscheinlichkeiten arbeiten

Frage: Mit welcher Hand wird wahrscheinlich geschlagen? Antwort: mit der stärkeren, also mit großer Wahrscheinlichkeit mit der **rechten Hand**. Frage: Wie wird der Schlag aussehen? Antwort: Da es sich bei einer Schlägerei nicht um eine »Kata« (Abfolge von Bewegungen) handelt, welche auf ihre Exaktheit hin zu beurteilen ist, wird der Schlag als eine Art »**schlampiger Schwinger**« ausgeführt werden.

Hier die entsprechende Darstellung:

Mögliche Gegenmaßnahme:

Wird man vom Angriff überrascht, ist der schon vorgestellte »Erstschutz« die einfachste Lösung:

Frage: Welcher Angriff ist aus der **Nahdistanz** zu erwarten und an Heftigkeit kaum zu überbieten? Antwort: Der **Kopfstoß ins Gesicht** des anderen:

Als »Manöver des letzten Augenblicks« senkt Rot seinen Kopf, sodass Stirn an Stirn prallt:

Mit Wahrscheinlichkeiten arbeiten

Bei sorgfältiger Kontrolle des Sicherheitsabstandes kann aber ein derartiger Kopfstoß im Ansatz verhindert bzw. diese Art des Angriffs von vornherein unmöglich gemacht werden:

Technikprinzipien

Weiterhin ist es eine altbekannte Tatsache, dass sich eine Schlägerei, die nicht binnen weniger Augenblicke[44] beendet ist, zu einer Art **Ringkampf** entwickeln wird:

oben:

mittig:

unten:

Im nächsten Augenblick würde Rot höchstwahrscheinlich am Boden landen.

---

44 Jim Wagner (Reality-Based Personal Protection, 2005) geht von 10–15 Sekunden aus.

In diesem Fall macht das einfache, aber überaus wirksame Konzept des »S.P.E.A.R.« (Spontaneous Protection Enabling Accelerated Response) von Tony Blauer[45] Sinn, dessen ganzes Kampfsystem darauf aufbaut. Dabei wird mit einem Arm der spiegelgleiche Arm des Angreifers blockiert, der andere Arm liegt diagonal über dem Brustbein des Angreifers und dient als »Prellbock«:

Funktioniert oben:

Funktioniert mittig:

Funktioniert unten:

---

45 Blauer Tactical Systems: http://www.tonyblauer.com/

Natürlich kann aber auch mit dieser Variante gearbeitet werden:

- Schlussendlich sollte noch das richtige Verhalten für den Fall geübt werden, dass man sich selbst (z. B. nach einem Faustschlag zum Kopf) am **Boden** wiederfindet und der Angreifer auf einen eintreten will.

Der *worst case:*

Taugliche Gegenmittel sind Tritte gegen die Schienbeine und Knie des Angreifers:

Technikprinzipien

Hier erfolgt die Trittabwehr durch Blockade am Knie des tretenden Beines (das Knie ist näher und bewegt sich langsamer als der Fuß):

Als letztes Mittel empfiehlt sich ein passiver »Kurzzeit«-Schutz gegen Tritte:

Mehr dazu im Kapitel »Hoch vom Boden!«

Mit Wahrscheinlichkeiten arbeiten

Absolut zu empfehlen ist das **Durchspielen des gesamten Ablaufs** (inklusive der verbalen Phase), quasi von »A bis Z«. Ist man für diese Situationen gerüstet, ist eine solide Basis gegeben, auf der man aufbauen und sich auch mit »exotischeren« Angriffen beschäftigen kann.

Zum Kapitel »Wahrscheinlichkeiten« gehört aber auch die Beschäftigung mit der Frage, wie weit ein Training auf weichen Matten, barfuß und bei guten Lichtverhältnissen die Realität wiedergibt. Daher sollte zumindest ab und zu die Trainingsumgebung ein wenig an die reale Welt adaptiert werden (keine Matten, Training in den Garderoben, in Alltagskleidung, sitzend etc.).[46]

Auf diese Weise nutzen wir die kostbare (weil limitierte) Trainingszeit, um schnell und effizient ein Verteidigungspotenzial zu entwickeln.

Da menschliches Verhalten aber komplex und mitunter rätselhaft bleibt, bedeutet »Wahrscheinlichkeit« nicht »absolute Gewissheit«!

---

46 Anregungen dazu finden sich bei Stefan Reinisch, Effektive Selbstverteidigung im Alltag, 2010; Jim Wagner (Reality-Based Personal Protection, 2005) empfiehlt sogar, mit Theaterblut, Kostümen, Kulissen und Soundeffekten zu arbeiten, um maximale Realitätsnähe zu erreichen.

2.5 Die sichere Außenseite

Indem man sich bei einem Angriff heraus aus der Angriffslinie bewegt (quasi auf einem »L«), muss sich der Angreifer erst neu positionieren, um seine geplante Aktion durchführen zu können. Ein direktes Kräftemessen wird vermieden, und es können sofort Gegenmaßnahmen ergriffen werden.

Hat man die Wahl, bewegt man sich zur <u>Außenseite</u> der angreifenden Extremität. Dadurch ist man vor weiteren Schlägen oder Tritten sicher, man befindet sich – im Gegensatz zur Innenseite – gleichsam im »toten Winkel« des Angreifers.

Dieser Tritt trifft Rot frontal:

Die sichere Außenseite

Derselbe Angriff:

Mit einem kleinen Sidestep und einer Hüftdrehung bewegt sich Rot aus der Angriffslinie nach außen und der Tritt rutscht an ihm ab:

Rot befindet sich nun an der vorteilhaften Außenseite von Grün:

Die sichere Außenseite

Eine andere Situation:
Grün hat Rot bereits gefasst, jetzt wird's gefährlich:

Derselbe Angriff:
Rot bewegt sich aus der Angriffslinie, bevor Grün zufassen kann:

Rot befindet sich nun an der sicheren Außenseite:

Rot kontrolliert den Kopf von Grün, die Kniekontrolle folgt sogleich:

Hier bleibt Rot stehen und wird von Grün überrannt:

Technikprinzipien

Derselbe Angriff:
Rot bewegt sich aus der Angriffslinie und hält Grün durch Kopfkontrolle auf Distanz:

2.6 Im Ernstfall Hände oben, Beine unten

Warum gehen wir nicht auf den Händen? Weil wir von der Evolution dafür nicht geschaffen sind. Trotzdem wird in manchen Kampfkünsten sehr viel Zeit und Energie investiert, um hohe Tritte ausführen zu können. Umgekehrt käme niemand in einem ernsthaften Kampf auf die Idee, mit der Faust auf die Zehen des Gegners zu schlagen.

- Hohe Tritte sind: spektakulär, ästhetisch, medienwirksam, cool und machen Spaß.
- Außerdem sind sie schwer zu lernen.
- Hohe Tritte sind nicht: an die Alltagskleidung unserer Breiten angepasst.
- Hohe Tritte verringern die Stabilität.
- Hohe Tritte brauchen viel Platz.
- Hohe Tritte sind leichter zu erkennen und zu kontern als tiefe.
- Hohe Tritte haben eine geringere Reichweite als horizontal geführte.
- Hohe Tritte machen mit der Zeit gesundheitliche Probleme (Hüftbelastung).

Eine gute Methode, um die individuelle maximale Tritthöhe zu ermitteln, besteht darin, dass man sein Bein langsam so weit anhebt, wie es geht. Bis zu dieser Höhe (sie wird bei den meisten auf Bauchhöhe liegen) können wir kontrolliert treten, darüber hinaus ist Schwung nötig.

Für die Selbstverteidigung ist man also gut beraten, sich auf Tritte bis auf Bauchhöhe zu beschränken (Fuß, Schienbein, Knie, Oberschenkel, Genitalien, Leistenbeuge, Bauch).[47]

Tritt auf den Spann (optimal mit dem Schienbein als »Leitschiene«):

---

[47] So auch z. B. Jürgen Höller/Axel Maluschka, Taekwondo Selbstverteidigung, 2003; Geoff Thompson, Dead or Alive – The Choice is Yours, 2004; Keith R. Kernspecht, Blitz Denfence, 2002; Marc »Animal« MacYoung, Billige Tricks, Hinterhalte und andere Lektionen, 2001; ders., Fäuste, Grips und eine knakkige Rechte, 2001; Bruce Lee, The Tao of Gung Fu, 1997, S. 83; Peyton Quinn, Das Straßenkampfhandbuch, 1990, S. 34, S. 164,; Rex Applegate, Kill or get killed, 1976; Close Combat, 2000; David W. Morrah, Dirty Fighting, 194?, zu finden im Internet; USArmy Field Manual, 2002, zu finden im Internet; Christian Braun, Effektive Selbstverteidigung durch Open Mind Combat – Street Safe, 2009.

Technikprinzipien

Tritt ans Schienbein:

Gefahr für das Knie!

Gefahr für das Knie!

Schienbeintritt an die Oberschenkelinnenseite:

Schienbeintritt an die Oberschenkelaußenseite:

Tritt zu den Genitalien:

Tritt in die Leistenbeuge:

Die **Hände** dagegen sind durch das tägliche Training der Hand-Auge-Koordination (wie z. B. das Betätigen eines Lichtschalters) die erste Wahl aus unserer »Werkzeugkiste«.

Rückhandschlag (sehr schnelle »Schocktechnik«):

Handballenstoß (als schnelle »Schocktechnik« oder als vernichtende Technik unter das Kinn):

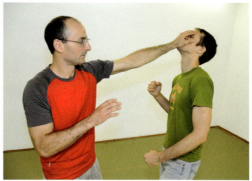

Handkantenschlag (zu den Halsseiten, zum Schlüsselbein):

Haken zum Kiefer (ansonsten sollte im eigenen Interesse nie mit der Faust zum Kopf des anderen geschlagen werden: hohe Eigenverletzungsgefahr):

Technikprinzipien

Schlag mit dem Faustboden zum Kiefer:

Schlag mit der Elle zur Halsseite (enorm stark):

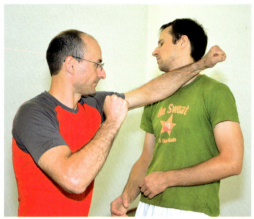

Schlag mit der Speiche zur Halsseite:

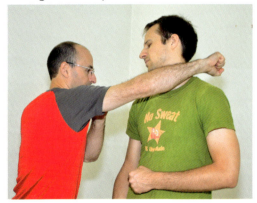

Stoß mit der Handspanne (Gefahr für den Kehlkopf!):

Fingerspitzenstoß in die Luftröhrengrube:

Im Ernstfall Hände oben, Beine unten

Haken zu den Rippen:

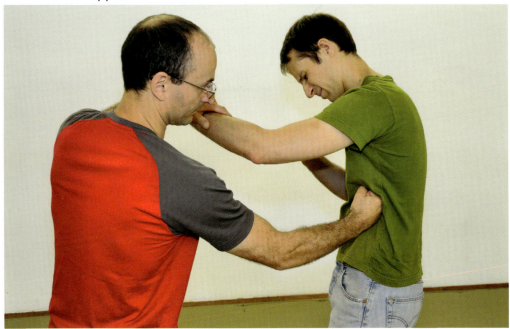

Die folgenden Schlagtechniken erfordern schon wieder ein erhöhtes Maß an Feinmotorik, da Arme in der Regel ein bewegliches Ziel darstellen. Solange Grün aber in seiner »Kampfhaltung« *verharrt*, machen sie durchaus Sinn (nach dem Grundsatz »attackiere, was dir der Angreifer bietet«) und schaffen die Möglichkeit für Folgetechniken:

Haken zum Unterarm:

Technikprinzipien

Haken zum Handrücken:

Haken zur Oberarminnenseite:

Haken zur Oberarmaußenseite:

Fauststoß zur Schulterspitze:

Im Ernstfall Hände oben, Beine unten

Also: Hände oben, Beine unten.

Dasselbe gilt auch für das Abblocken/Ablenken von Schlägen und Tritten: Arme gegen Arme, Beine gegen Beine (die Wahrscheinlichkeit, abseits des Trainings mit hohen Tritten angegriffen zu werden, ist gering; falls doch, ist der Kopfschutz wieder entscheidend, vgl. bei den instinktiven Reaktionen):

Rot blockt den Tritt zu den Genitalien durch eine Beckendrehung ab:

Rot blockt den geraden Tritt durch Anheben des vorderen Beines und eine leichte Drehung ab:

Rot blockt den Schienbeintritt mit seinem Unterschenkel ab:

Der Kniestoß zu den Genitalien wird mit einer instinktiven Beckendrehung abgelenkt (immer noch schmerzhaft, aber besser als ein Volltreffer):

Im Ernstfall Hände oben, Beine unten

Rot lenkt den Fauststoß ab und kontrolliert den Arm von Grün. Dies wird nur dann funktionieren, wenn zum einen die Absicht von Grün eindeutig und zum anderen die Schlaggeschwindigkeit nicht allzu hoch war (da die Informationen »Schlag rechts oder links«, »Schlagwinkel« erst verarbeitet werden müssen). Ansonsten wäre das Prinzip »Instinktiver Kopfschutz« die sicherere Option, bestätigt aber ebenfalls das Prinzip »Hände oben, Beine unten«:

2.7 In einem realen Kampf dem Gegner nie den Rücken zukehren

Im Vorkampftraining gilt es, folgenden Fehler zu vermeiden: Zwar hat man verbal richtig reagiert und auch das Ego steht einem Rückzug nicht im Weg, jedoch dreht man nun dem Gegner zu früh den Rücken zu, mit eventuell fatalen Konsequenzen:

Besser ist es, im Weggehen den anderen eine Zeit lang aus dem Augenwinkel heraus zu beobachten (das Gesichtsfeld beträgt ca. 180 Grad). Lässt der Gegner von seinem Vorhaben nicht ab und geht uns nach, so ist auf diese Weise die Flucht oder – sofern nötig – die Konfrontation möglich:

Technikprinzipien

Eine andere Konsequenz dieses Grundsatzes ist es, in der Selbstverteidigung (nicht im Wettkampf oder in der Kampfkunst!) auf alle »Drehtechniken« zu verzichten.[48] Darunter fallen folgende Aktionen:

Ein Drehfaustschlag:

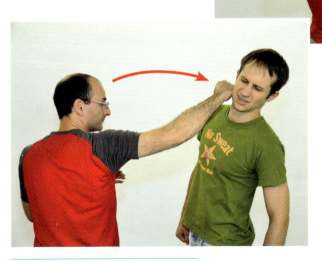

---

[48] Vgl. auch Christian Braun, Effektive Selbstverteidigung durch Open Mind Combat – Street Safe, 2009.

In einem realen Kampf dem Gegner nie den Rücken zukehren

Eine gedrehte Beintechnik, z. B. Ushiro Geri:

Einer der typischen »Judo-Würfe«, z. B. Seoi Nage:

Selbst in Wettkämpfen sind sowohl derartige Schläge als auch Tritte selten von Erfolg begleitet, dies gilt für die Selbstverteidigung in noch höherem Maße. Gerade wenn möglicherweise ein Messer im Spiel ist, sollte dieses Prinzip unbedingt beachtet werden.[49]

Gegenstrategie

Man kann sich nun beim Training gewalttätiger Konfrontationen darauf konditionieren, dass man – sobald sich der andere wegdreht – die Distanz mit einem schnellen Ausfallschritt verringert, unter gleichzeitigem Schutz des Kopfes:

49 Vgl. Don Pentecost, Put 'em down, take 'em out! Knife Fighting Techniques from Folsom Prison, 1988.

Technikprinzipien

In einem Wettkampf (Karate, TaeKwonDo, Kickboxen etc.) ist die Distanz eine größere, weshalb sich der Verteidiger schwererer tun wird, im Falle einer Drehtechnik des Angreifers diese Distanz zu überbrücken:

Auch hinsichtlich der Würfe sollte man sich die Frage stellen, ob man sich freiwillig in eine Position begeben will, die eigentlich der Gegner anstrebt, da sie ihm eine Vielzahl an Möglichkeiten eröffnet. Und trotz aller gegenteiliger Beteuerungen: Das Gewicht spielt bei Würfen eine Rolle. Warum sonst sollte es im Judo und Ringen Gewichtsklassen geben?

Grün setzt zum Wurf an:

Position zur Verdeutlichung um 180° gedreht:

2.8 Vom Schlagen und Stoßen

Wir wollen uns an den besten orientieren. Daher an dieser Stelle ein Zitat von Geoff Thompson: »*People often ask me what is the best means of physical defence and I always reply, ›learn to hit fucking hard‹, and that´s the bottom line.*«
Bei der Erklärung, wie dies umgesetzt werden kann, begeben wir uns als Nicht-Physiker bereits bei Begriffen wie »Kraft« auf dünnes Eis. Wir bedienen uns daher der Alltagssprache, alle Physiker mögen uns verzeihen.[50]

==Einschub: Auch die Terminologie im Bereich der Kampfkünste bzw. des Kampfsports ist hier eine eigene: So wird in den japanischen Künsten als »Stoß« i. d. R. eine geradlinige Bewegung bezeichnet (»Tsuki«), ein Schlag (»Uchi«) beschreibt dagegen eine kreisförmige Bahn.==

Die Kernaussage lautet wie folgt: Wollen wir einen möglichst kräftigen Schlag oder Stoß entwickeln, sind zwei Faktoren entscheidend:
- Masse
- Geschwindigkeit.

Beide Faktoren stehen einander gleichwertig gegenüber.[51] Optimal wäre daher ein möglichst schneller Stoß oder Schlag mit möglichst großer Masse. Geringere Masse kann durch höhere Geschwindigkeit wettgemacht werden, geringere Geschwindigkeit durch höhere Masse.
Abgesehen von den beiden genannten Faktoren ist für die Wirkung beim Getroffenen auch die Größe der auftreffenden Fläche (flache Hand oder Faustknöchel), der Ort des Treffers[52] (Auge oder *Gluteus maximus*) und sein psychischer Zustand (in Erwartung des Schlages oder von diesem überrascht) entscheidend.

Welche Masse können wir in einem Schlag oder Stoß einsetzen?

Die Masse des Armes

Im JuJitsu-Stil »Kawaishi-Ryu« findet sich dieses Schlagprinzip unter der Bezeichnung Pendelschlag (japan. »Furi Waza«). John Perkins vergleicht die entspannten Arme mit »toten Fischen«. Man könne sich auch einen großen Gorilla vorstellen, der durch den Dschungel tobt und mit seinen schweren Armen alles kurz und klein schlägt.

---

50 Wen die physikalischen Prinzipien eines Schlages – erklärt in verständlicher Fachsprache – interessieren, dem möchten wir das Buch von Ralf Pfeifer, Das Geheimnis des Sieges – Die physikalischen Grundlagen des Kampfsports, 2010 ans Herz legen.
51 Vgl. Ralf Pfeifer, Das Geheimnis des Sieges – Die physikalischen Grundlagen des Kampfsports, 2010.
52 Vgl. dazu Stefan Reinisch/Jürgen Höller/Axel Maluschka, Kyusho-Angriffspunkte in Selbstverteidigung und Kampfsport, 2010.

Vom Schlagen und Stoßen

Da der Arm völlig entspannt ist, fällt er nach dem Auftreffen herunter (dies sollte aber auf die Übungsphase beschränkt bleiben, ansonsten käme man ja mit dem Prinzip »Hände oben, Beine unten« in Konflikt).

Technikprinzipien

Noch einen Schlag (abgeschaut vom russischen »Systema«) gibt es, welcher nur mit der Masse des Armes arbeitet. Dabei handelt es sich um einen Haken ohne Körperdrehung. Zunächst ist der Arm im Ellbogen gestreckt. Die Bewegung beginnt in der Schulter, sodann wird der Arm im Ellbogengelenk gebeugt, wodurch die Faust im Ziel landet. Man kann sich den Schlag so vorstellen, als würde man ein wenig übertrieben auf seine Uhr blicken. Durch die unterschiedlichen Möglichkeiten der Ellbogenstellung (Ellbogen zeigt nach unten/steht waagrecht/zeigt nach oben) ist es so möglich, sogar ansonsten schwierig zu erreichende Ziele zu treffen:

Vom Schlagen und Stoßen

Nun hat dieser Schlag nicht dieselbe Wirkung wie ein Haken mit Körperdrehung, dennoch ist die Wirkung oft erstaunlich. Sie ergibt sich daraus, dass der zunächst gestreckte Arm kreisförmig beschleunigt und sodann gebeugt wird (wodurch sich bereits zwei Bewegungen summieren). Wie Ralf Pfeifer bei seiner Erklärung zum Stockschlag ausführt, erhöht sich aufgrund des Drehimpulserhaltungssatzes die Endgeschwindigkeit durch einen kräftigen Ruck kurz vor dem Treffer.

Dies gilt unserer Ansicht nach bei der Armbeugung analog. Zum anderen kommen diese Schläge oft ansatzlos und damit überraschend für den Getroffenen.

Beobachtungen im Training und auf Lehrgängen zeigen, dass stärker gebaute Menschen (mit entsprechend schweren Armen) oft nur das Gewicht ihres Armes in einen Schlag legen. Das reicht in vielen Fällen schon, um Wirkung zu erzielen, ist aber für leicht gebaute Trainierende trotz exakt gleicher Bewegungsausführung (und gleicher Geschwindigkeit) nicht reproduzierbar. Diese müssen daher mit der Masse des Körpers arbeiten, um dieselben Effekte zu erzielen (dabei müssen die »Leichtgewichte« sich von den schwerer gebauten Trainern oft anhören, es liege an ihrer mangelhaften Technik).

Die Masse des Körpers

Die Masse des Körpers kann nur dann mit ins Spiel kommen, wenn sich dieser ebenfalls bewegt. Entweder geradlinig (man spricht von *Translation*) oder rotierend (man spricht von *Rotation*).

Beispiele für **Translation**: Oi-Tsuki im Karate, Bruce Lees bzw. Jack Dempseys »Falling Step«.

Technikprinzipien

Der folgende <u>Oi-Tsuki</u> ist natürlich nicht Karate-typisch, da weder die freie Hand zur Hüfte gezogen (Hikite), noch die schlagende Faust im Moment des Auftreffens waagrecht gestellt wird:

Faustkontakt vor Bodenkontakt!

Vom Schlagen und Stoßen

Beispiele für **Rotation** (wobei für uns als Grundsatz gilt: *Rotiert die Hüfte, rotiert das Bein*, oder, anders ausgedrückt: *Schlagarm und gleichnamiges Bein bewegen sich immer zusammen*):

<u>Gyaku Tsuki</u> (= Cross im Boxen)

Beim <u>Haken</u> ist für optimale Kraftübertragung auf einen 90°-Winkel im Ellbogen zu achten. Die Masse des Körpers lässt sich allerdings nur dann in den Schlag übertragen, wenn im Moment des Aufpralls *Arm und Körper eine starre Einheit* bilden. Ansonsten würden die einzelnen Gelenke als Stoßdämpfer fungieren. Zur optimalen Rotation ist eine Drehung am Zehenballen des gleichseitigen Fußes notwendig.

Haken mit dem hinteren Arm:

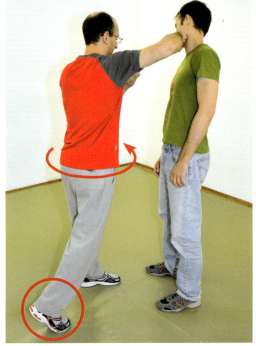

Vom Schlagen und Stoßen

Haken mit dem vorderen Arm:

Technikprinzipien

Ellbogenschlag (Empi uchi) mit dem hinteren Arm. Die Bewegungsabfolge ist dieselbe wie die des Hakens:

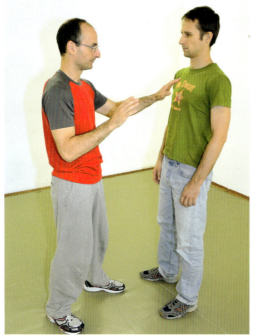
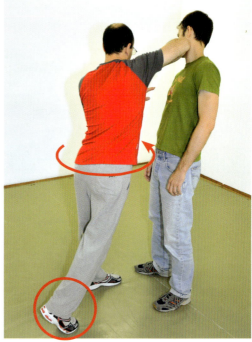

Ellbogenschlag mit dem vorderen Arm. Auch hier ist die Bewegungsabfolge dieselbe wie die des Hakens:

Vom Schlagen und Stoßen

Ähnlich würden Schläge mit dem Faustboden (Kentui uchi) ablaufen.

Wie können wir Geschwindigkeit im Schlag-/Stoßarm generieren?
In den allermeisten Fällen spielen die im Folgenden aufgezählten Punkte zusammen:

Aktivierung der Armstrecker
Entscheidend ist, dass die Beugemuskeln des Armes so weit wie möglich deaktiviert sind, ansonsten würde die Geschwindigkeit des Armes nicht im Körper des anderen abgebaut, sondern in den genannten Muskeln. Einen Fehler sollte man jedoch im Interesse der eigenen Gesundheit vermeiden: Beim Auftreffen darf das Ellbogengelenk nicht zur Streckung gelangen (Verletzungsgefahr).

Beispiele für reine Armstreckung:
Handrückenschlag (Uraken) zum Gesicht des anderen (am besten mit der offenen Hand, da es schwierig ist, zum einen eine Faust zu machen, zum anderen aber den Armbeuger zu entspannen). Von der Ausführung her ist der Schlag mit einer schnellen Rückhand im Tischtennis zu vergleichen. Dieser Schlag ist einer der schnellsten:

 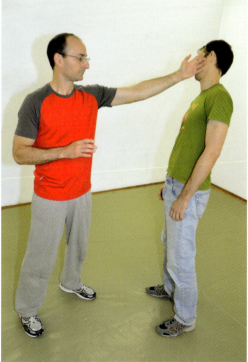

Technikprinzipien

Fingerspitzenstoß (<u>Yubisaki tsuki</u>) zu den Augen: Diese Technik ist nicht nur sehr schnell, sondern hat auch eine große Reichweite. Die Hand folgt einer geraden Linie:

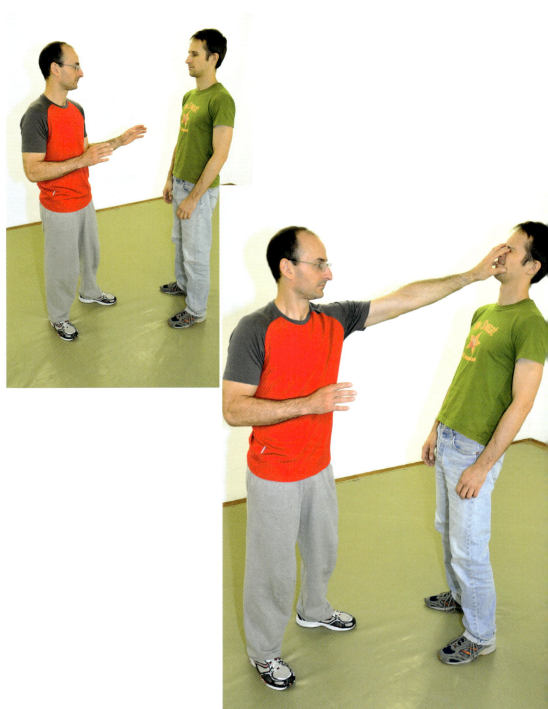

Rotation der Hüfte bzw. des Rumpfes

Wie bei einem Kettenkarussell, bei dem die haltende Kette bricht und sich ein Sitz löst, fliegt die Faust auf einer geraden Bahn ins Ziel, der lockere Arm entspricht dabei der Kette (wobei für uns als Grundsatz gilt: *Rotiert die Hüfte, rotiert das Bein*).

Daraus kann sich ein gerader Stoß oder auch ein Pendelschlag (diese Technik wäre sogar mit einem komplett gelähmten Arm möglich) ergeben; auch hier sollte der Armbeuger (Bizeps) entspannt werden, im Falle des Pendelschlages auch die Schultermuskulatur.

Beispiele für die Hüftrotation:
- Gyaku Tsuki (im Boxen: Cross), siehe dazu die bereits gezeigte Fotoserie.
- Armpendelschlag (Furi Waza), siehe dazu die bereits gezeigte Fotoserie.
- Im geringeren Ausmaß (bedingt durch die Hüftstellung) auch Kizami-Tsuki (im Boxen: Jab):

Zusammenspiel der einzelnen Muskeln (Muskelketten) unter Idealbedingungen

Bei einer Muskelkette baut jede Bewegung eines Muskels kaskadenartig auf der vorhergehenden Bewegung eines anderen Muskels auf, wodurch sich die einzelnen Geschwindigkeiten *addieren* (sofern der Bewegungsimpuls in dieselbe Richtung zeigt). Beispielhaft ist wieder der Gyaku Tsuki zu nennen, bei dem sich

- die Beinrotation (am Zehenballen),
- die Hüftrotation,
- die Beinstreckung,
- die Schulterbewegung und
- die Armstreckung

addieren (stilspezifisch fällt u. U. die eine oder andere Bewegung weg); wichtig ist dabei, dass der Drehpunkt für die Hüftdrehung das Gelenk des vorderen Beines ist. Man kann sich dies wie das Zuschlagen einer Türe vorstellen, siehe dazu die bereits gezeigte Fotoserie.

Jedoch können auch *andere Muskelketten mit demselben Endergebnis* (Beschleunigung der Faust) aktiviert werden: Im russischen »Systema« beginnt z. B. der Fauststoß durch Aktivierung der Armstrecker und setzt sich erst dann durch Rotation im Schultergürtel bzw. Rumpf fort – für Trainierende anderer Kampfsportarten ungewöhnlich (weil genau umgekehrt), aber effektiv.

Auch das ist möglich:
In der folgenden Sequenz beginnt die Bewegung im diagonalen Bein und setzt sich wie eine Welle bis zur Faust fort; sie ähnelt ein wenig den Bewegungsformen aus dem TaiChi und wirkt weicher und runder als beim Gyaku Tsuki. Man sieht auch die Auf- und Abbewegung des Körpers:

Die linke Ferse hebt sich, das Gewicht verlagert sich auf das rechte Bein:

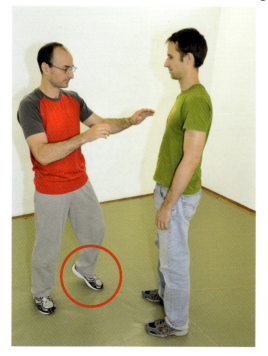 

Die Ferse wird wieder gesenkt, der Körper fällt nach vorne:

Durch eine peitschende Bewegung[53]

Der menschliche Arm mit Schulter-, Ellbogen- und Handgelenk kann auch mit einer Peitsche verglichen werden (wie jeder Vergleich hinkt auch dieser, ist doch der Beweglichkeit durch unsere Knochen ein Limit gesetzt). Wird der Arm wie eine Peitsche bewegt (auch hier ist wieder eine gut koordinierte Muskelkette nötig), ergibt sich am Endpunkt – der Hand – ein schneller Schlag, entweder mit dem Handballen oder bei entsprechender Rotation im Unterarm auch mit der Handaußenkante:

---

[53] Wikipedia (http://de.wikipedia.org/wiki/Peitsche) schreibt zu den physikalischen Zusammenhängen des Peitschenschlages: »Das Ende einer Peitsche kann, bei korrektem Schlag, auf Überschallgeschwindigkeit beschleunigt werden, was den ›Peitschenknall‹ hervorruft. Der Knall resultiert aus der Bildung einer Schlaufe, welche sich mit steigender Geschwindigkeit auf das Peitschenende zubewegt und dabei, beim Öffnen am Ende der Schnur, die Schallgeschwindigkeit überschreitet. Am unteren Punkt der Bewegungskurve wird die Schlagbewegung plötzlich gestoppt. Die Peitschenschnur, vom Griffende bis zum Umlenkungspunkt der Schlaufe S, ist gestreckt und weitgehend in Ruhe. Die Peitschenschnur strebt wegen der Fliehkräfte zur vollständigen Streckung. Aus diesem Grund bewegt sich die Schlaufe S axial vom Griff fort und die Restschnur L, oberhalb der Schlaufe S, wird immer kleiner. Die Masse m dieser Restschnur ist proportional zu ihrer Länge L, daher geht auch die Masse der Restschnur gegen Null. Da die kinetische Energie $E = \frac{1}{2} \cdot m \cdot v^2$ = konstant ist, strebt – wegen des Energieerhaltungssatzes – die Geschwindigkeit v gegen unendlich. In der Praxis ist die Maximalgeschwindigkeit der Schlaufe S bzw. des Schnurendes durch innere und äußere Reibungsverluste begrenzt.« (Stand: Oktober 2012)

Vom Schlagen und Stoßen

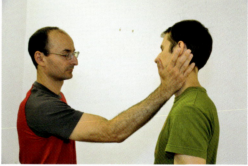

==**Dies alles waren Ausführungen unter Idealbedingungen! In einer Auseinandersetzung wird man bei der Exaktheit der Ausführung natürlich Abstriche machen müssen.**==

Wird in den diversen Kampfsportarten oder -Künsten das *Zurückziehen der Extremität* nach dem Aufprall betont, so liegt die Begründung hierfür einfach darin, dass zum einen das Erfassen des Schlagarmes durch den Gegner verhindert wird, zum anderen eine Überstreckung im Ellbogengelenk vermieden werden soll. Die Gegenbewegung darf aber nicht zu früh erfolgen, da ansonsten die eigene Muskulatur den Schlag abbremst, anstatt dass der Körper des Gegners die komplette kinetische Energie absorbieren muss. Zwecks besserer Vorstellbarkeit einer korrekten Ausführung und der Art des Kontaktes mit dem Ziel kann man sich das Bild eines Meteoriteneinschlages vor Augen führen.

2.9 Schlagabsorbierung: hart oder weich?

Aus dem »Tao Te King«:

> *Vom Harten und Weichen*
> *Der Mensch*
> *tritt ins Leben*
> *weich und zart*
> *im Tode ist er*
> *hart und starr*
> *Alle Wesen*
> *treten ins Leben*
> *weich und zart*
> *im Tode sind sie*
> *trocken und hart*
> *Darum*
> *ist das Harte und Starre*
> *Zeichen des Todes*
> *das Weiche und Schwache*
> *Zeichen des Lebens*
> *Ist das Heer starr und stark*
> *wird es untergehen*
> *Ist der Baum hart und stark*
> *wird er gefällt werden*
> *Das Harte und Starke vergeht*
> *Das Weiche und Schwache besteht*

Schlagabsorbierung: hart oder weich?

Vom Wasser
Nichts in der Welt
ist nachgiebiger und weicher als Wasser
doch nichts ist besser
um Hartes und Starkes zu überwinden
dank dem was es nicht ist
gelingt es ihm leicht
Das Weiche überwindet das Harte
das Schwache überwindet das Starke
Obwohl jeder es weiß
handelt keiner danach
Darum sagt der Weise:
Wer das Unheil auf sich nimmt
vermag das Land zu regieren
Wer das Unglück auf sich nimmt
vermag die Welt zu regieren
Oft klingt die Wahrheit widersinnig

Die Wirkung eines Schlags oder Stoßes hängt in hohem Maße davon ab, ob der Getroffene (oder das »Zielobjekt«) vom Schlag bzw. Stoß überrascht wurde oder nicht (bei höchst empfindlichen Zielen wie Augen oder Ohren gilt dieses Prinzip natürlich nicht). Auch ein in den Kampfkünsten Untrainierter wird sich auf den kommenden Aufprall vorbereiten, indem er eine Ausweichbewegung versucht und/oder unwillkürlich die Muskulatur anspannt, um sich so einen Schutzpanzer zu schaffen.

Rot spannt die Rumpfmuskulatur an und hält gegen den Schlag von Grün:

Aus diesem Grunde versuchen versierte Schläger, durch verbale Ablenkung ihre Opfer geistig zu entwaffnen, ihnen vorzugaukeln, dass keine Gefahr bestünde, um dann überraschend und mit »durchschlagendem« Erfolg zuzuschlagen (»*Es kam wie ein Blitzschlag aus heiterem Himmel!*«).

Weiterhin hängt es natürlich vom Körperbau des Getroffenen ab, wie gut er einen Schlag aufnehmen kann – nicht umsonst spricht man ja im Boxsport von der »Nehmerqualität« eines Boxers.

Manche Systeme verfolgen das Konzept des Nachgebens, des Mitgehens mit einem Schlag, z. B. das russische »Systema« von Michail Ryabko und Vladimir Vasiliev oder das Selbstverteidigungssystem »Guided Chaos« von John Perkins. »Mitgehen« bedeutet ein Abrutschenlassen durch Rotation bzw. eine weiche Schlagaufnahme, wodurch der Schlagfokus zerstört wird.

Demnach sollte man auf den Schlag reagieren, als sei man sozusagen ein Gummibärchen. Ein Vorteil besteht auch darin, dass der Angreifer seine Technik (kann auch ein Tritt sein) quasi »überzieht« und aus dem Gleichgewicht kommt. Als Ausgleich der Meidebewegung kann gleichzeitig ein Gegenangriff durchgeführt werden:

Rot geht mit dem Schlag mit und landet seinerseits einen Treffer bei Grün:

Allerdings muss man sagen, dass sich bei Schlägen zum Kopf die Frage »Mitgehen oder Dagegenhalten« kaum stellen wird. Sie ist lediglich bei Körpertreffern von Relevanz.

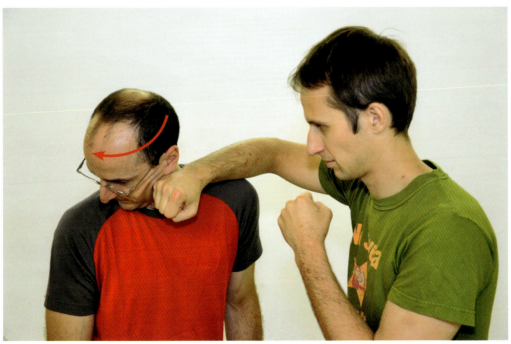

2.10 Hoch vom Boden!

Seit durch die Familie Gracie MMA-Kämpfe populär wurden, scheint der Bodenkampf das Non-Plus-Ultra im Kampfsport zu sein. Und tatsächlich, sobald nicht bloß geschlagen und getreten werden darf, landen die Kämpfer binnen kürzester Zeit am Boden. Sollte daher auch für die Selbstverteidigung in erster Linie der Bodenkampf trainiert werden?

So hart die erwähnten Kämpfe auch sind, so gut sie als Stresstraining dienen mögen – selbst in diesen Kämpfen gibt es einen Schiedsrichter, Ringärzte und Regeln: keine Schuhe mit Stahlkappen, keine versteckten Messer, keine Stiche in die Augen, kein Zubeißen, keine Außenstehenden, die sich einmischen, keine geschwungenen Stühle, keine Steine oder Glassplitter am Boden etc.

Eine weitere Überlegung bringt unseres Erachtens endgültig Klarheit: Wo will uns ein Angreifer denn haben? Antwort: am Boden, um uns dann aus seiner überlegenen Standposition mit den Beinen zu bearbeiten.

Unser Ziel muss daher lauten: Abgesehen von einer Wettkampfsituation müssen wir um jeden Preis vermeiden, zu Boden zu gehen. Sollte uns das trotz aller Bemühungen nicht gelingen, müssen wir alles daran setzen, wieder in die Senkrechte zu kommen.[54]

Wie gelingt uns das?

Egal, ob wir uns in einer sitzenden Position befinden, auf dem Rücken oder seitlich liegen, unsere Beine sind am Boden gegen den stehenden Angreifer unser bester Schutz, sie halten ihn auf Abstand. Dies gelingt uns aber nur durch Treten. Halten wir sie ihm bloß statisch entgegen, werden wir von einem routinierten Kämpfer überrollt. Wir bringen sie daher in eine Beugestellung (wie eine gespannte Feder) und treten dorthin, wo es dem Angreifer wehtut: Schienbein, Knie, Genitalien.

---

54 Das wird schon als Grundregel bezeichnet bei Rex Applegate, Kill or get killed, 1976; W.E. Fairbairn, Get tough!, 1943, zu finden im Internet; David W. Morrah, Dirty Fighting, 194?, zu finden im Internet; U.S. Marine Corps, Close Combat, 1999; Keith R. Kernspecht, Blitzdefence – Angriff ist die beste Verteidigung, 2002; Geoff Thompson, The Fence, 1998; ders., Dead or Alive – The Choice is Yours, 2004; Marc »Animal« MacYoung, Extremer Bodenkampf, 2004; Jim Wagner, Reality-Based Personal Protection, 2005; Vince Morris, The Secret Art of Pressure Point Fighting: Techniques to Disable Anyone in Seconds Using Minimal Force, 2009; Christian Braun, Effektive Selbstverteidigung durch Open Mind Combat – Street Safe, 2009; Lee Morrison, Urban Combatives, GB 2003.

Tritte zu den Beinen:

Ist der Angreifer schon beim Kopf und will zutreten, müssen wir in erster Linie das Knie des tretenden Beines blockieren. Dieses bewegt sich langsamer und ist leichter zu erreichen als der Unterschenkel:

Werden wir aber mit Tritten regelrecht eingedeckt, so rollen wir uns zusammen, sodass Ellbogen und Knie einander berühren (»Embryohaltung«):

Sobald wie möglich bringen wir danach wieder unsere Beine als »Abstandhalter« ins Spiel:

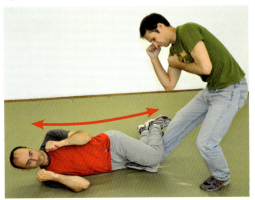

Hoch vom Boden!

Beim Aufstehen bewegen wir uns möglichst weit vom Angreifer weg und schützen auch dabei den Kopf vor möglichen Tritten:

Ein schmerzhafter Tritt, der den Angreifer kurz beschäftigt:

Die rechte Hand greift weit nach hinten:

Der linke Arm schützt den Kopf:

Das linke Bein stößt sich vom Boden ab:

Das rechte Bein wird unter dem Körper durchgezogen:

Möglicherweise finden wir uns in einer Art »Vierfüßlerstellung« vor dem Angreifer wieder, eventuell nach einem Tritt in den Unterbauch:

Wir müssen sofort in Rückenlage gehen und möglichst großen Abstand zwischen dem eigenen Kopf und den Beinen des Angreifers herstellen. Dabei bewegt sich der Kopf knapp über dem Boden (= größerer Abstand), ein Arm kann den Kopf schützen:

Hoch vom Boden!

Liegen wir zwischen zwei Angreifern, sind wir extrem gefährdet. Wir können maximal versuchen, uns den einen Angreifer (hier symbolisiert durch den Sandsack) mit Tritten vom Leib zu halten, während die Arme den Kopf schützen. Sodann rollen wir uns seitlich, sodass wir mit dem Kopf hinter die Beine des zweiten Angreifers kommen und uns nun in seinem toten Winkel befinden. Eingedenk des Prinzips, möglichst rasch vom Boden hochzukommen, nutzen wir dazu den Angreifer. Wir dürfen aber niemals vergessen, dass wir uns in einer äußerst gefährlichen Lage befinden; alles, was wir tun können, sind Notlösungen!

Jetzt kann mit den eigenen Lieblingstechniken weitergearbeitet werden:

Technikprinzipien

Und wenn beide schon am Boden sind?

Nun kann es die Situation geben, dass wir zusammen mit dem Angreifer am Boden landen. Der schönste »Helicopter-move« (aus dem Brazilian JuJitsu) mit anschließendem Armhebel bringt mir nichts, wenn ich dann von der Freundin des Angreifers einen Stuhl über den Kopf gezogen bekomme. Es ist zwar nicht verkehrt, Hebel, Würger, Festhalter in Grundzügen zu beherrschen, um zu wissen, was uns erwarten kann, aber auch hier gilt aus den genannten Gründen: Der Gegner muss froh darüber sein, wenn ich mich von ihm lösen kann. Wie bringe ich ihn dazu? Indem ich alles einsetze, was im Wettkampf unter »unfair« läuft:

- *Beißen:* Nach allgemeiner Ansicht liegt die maximale Beißkraft eines Menschen bei ca. 80 kg. Damit lässt sich einiges an Schaden anrichten. Wenn eine Blutungsquelle mit der Mundschleimhaut zusammengebracht wird, besteht allerdings das Risiko einer HIV[55]- bzw. Hepatitisinfektion. Die Wahrscheinlichkeit einer blutenden Wunde sinkt beim Beißen durch Kleidung hindurch, obwohl der Biss fast genauso schmerzhaft ist. Über das Risiko einer möglichen Infektion sollte sich übrigens auch der Gebissene Sorgen machen, da der menschliche Biss als hochinfektiös gilt. Anders bei Personen, die schon lange zusammenleben – bei solchen hat sich nämlich die Mundflora schon angeglichen.

---

[55] Falls man mit HIV-infiziertem Blut in Kontakt kommt, sollte man immer eine antivirale Passivtherapie machen und sich dann nach Vorgabe kontrollieren lassen. Diese Therapie versucht zu verhindern, dass sich der Virus im Körper verbreiten kann, und soll so den Befall von Körperzellen verhindern. Das klappt aber nur wenn man die Therapie sofort macht!

Hoch vom Boden!

- *Quetschen, Reißen, Verdrehen:* Alles, was man zwischen die Finger bekommt, wird auf diese Weise bearbeitet (Wangen, Nase, Halsseiten, Brustmuskulatur, Rumpfseiten, Oberarme, Oberschenkel, Genitalien, Ohren etc.).

ohne Worte:

Hautfalten in der Nierenregion:

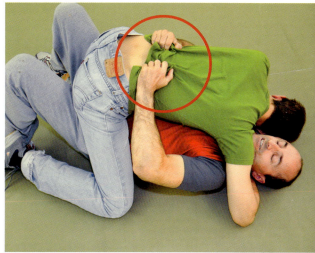

Brustmuskulatur:

Latissimus:

Technikprinzipien

Wangen:

Ohren:

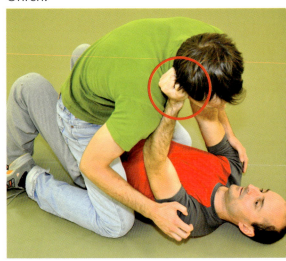

Halswendermuskel:

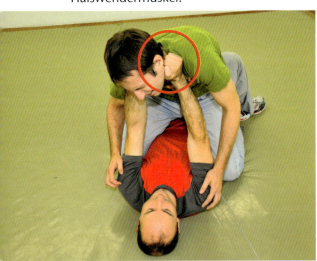

Hautfalte am Rücken und Oberschenkelinnenseite:

Hoch vom Boden!

- *Kopfstöße* ins Gesicht, auf das Brustbein, zum Solarplexus:

- *Schlagen* kann zwar versucht werden, aufgrund der Nahdistanz ist es aber schwierig, Wirkung zu erzielen.

mit starker Körperrotation:

Ellbogenschlag zum Kopf:

Auch diese Art des Bodenkampfes kann trainiert werden. Dazu ist es aber unabdingbar, dass beide Partner extrem kontrolliert und mit reduziertem Tempo vorgehen. Es geht nicht ums Gewinnen, da ansonsten der Ehrgeiz wieder die Führung übernimmt und der Kampf ausartet. Nach jeder guten Aktion sollte der Kampf kurz unterbrochen werden.

2.11 Prinzip des Fegens

Entlastung – Fegen – Belastung: Ein belastetes Bein (Standbein) kann zumindest im Training nicht gefegt werden. Verletzungen wären die Folge. Es kann aber gesperrt und der Gegner dann umgedrückt werden, wobei der Werfende wahrscheinlich mitfallen wird.

belastetes Bein wird gesperrt:

Grün wird zu Fall gebracht:

Ein entlastetes Bein (Spielbein) kann dagegen gefegt werden, jedoch bleibt Grün im Gleichgewicht (er hebt einfach das Bein):

Erst die aktive Belastung des gefegten Beines durch Rot bewirkt den Wurf:

Technikprinzipien

2.12 Armkontrolle: an Handgelenk und Ellbogen

Im Zuge eines Handgemenges erlangen wir Griffkontakt am Arm des anderen. Unser Ziel heißt nun kurzfristige Kontrolle, bis wir in andere Techniken übergegangen sind. Versuchen wir folgende Übung: Halten wir das Handgelenk unseres Trainingspartners fest. Wir werden feststellen, dass sein Ellbogen weiterhin beweglich ist und eine potenzielle Bedrohung für uns darstellt:

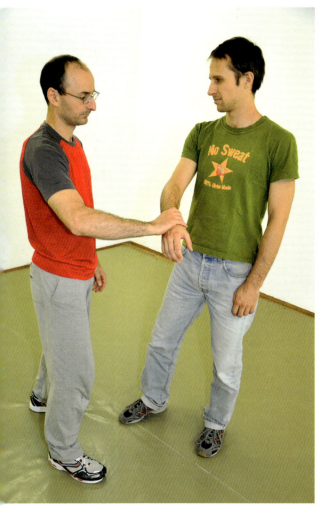

Armkontrolle: an Handgelenk und Ellbogen

Halten wir nun seinen Ellbogen. Die Kontrolle erscheint nun besser, nur der Unterarm mitsamt der Hand ist noch beweglich:

Technikprinzipien

In der Hektik einer Auseinandersetzung wird es leichter sein, einen Ellbogen zu kontrollieren, da sich dieser mit geringerer Geschwindigkeit bewegt als die Hand und einen kleineren Bewegungsradius hat:

Allerdings befindet man sich damit innerhalb des Aktionsbereiches der Hand. Zur Sicherheit kann man daher sowohl Hand- als auch Ellbogengelenk blockieren. *Aber auch der Ansatz diverser Hebel wird durch Hand- und Ellbogenkontrolle erleichtert.*

Es besteht jedoch folgendes Problem: Bei dieser Methode befindet sich der Gegner in einer numerischen Überlegenheit. Unsere beiden Arme sind mit der Kontrolle eines gegnerischen Armes beschäftigt. An der Außenseite ist dies weniger ein Problem, an der Innenseite muss aber zur Absicherung vor dem Ansatz weiterführender Techniken zusätzlich mit Ablenkungstechniken gearbeitet werden:

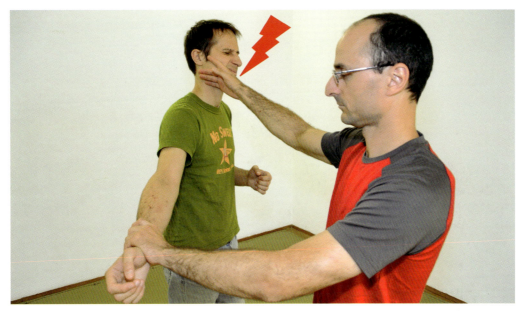

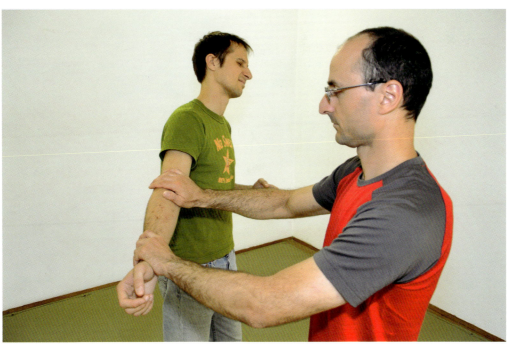

Technikprinzipien

2.13 Hebeltechniken auf Zug ausführen

==Einleitend muss gesagt werden, dass es sehr schwierig ist, aus einer dynamischen Situation heraus in einen Hebel zu kommen, gerade wenn man es mit einem stärkeren Gegner zu tun hat!==
==Man sollte daher nicht von vornherein auf einen Hebel »hinarbeiten«, sondern mit einem solchen vertraut sein, wenn er sich aus der Situation heraus ergibt, z. B. aus der oben dargestellten Armkontrolle.==

Ein schönes Beispiel, um dieses Prinzip »auf Zug« zu verdeutlichen, stellen weit gespannte Betonbrückenkonstruktionen dar. Der Beton alleine wäre nicht in der Lage, den durch die Schwerkraft entstehenden Kräften zu widerstehen. Es wird daher die gesamte Konstruktion unter Druck gesetzt, wodurch sich die Stabilität des Bauwerks erhöht. Ähnlich sieht es bei unseren Gelenken aus:

Da das Gelenk aus einer Vielzahl von miteinander verbundenen Einzelteilen (Knochen, Sehnen und Bänder) besteht, ist klar, dass es wie jede andere derartig beschaffene Struktur auf Druck mit erhöhter Stabilität reagiert. Wird eine derartige Struktur jedoch auseinandergezogen, verringert sich die Stabilität. Zur Erhöhung der Wirksamkeit von Armhebeln muss das Gelenk daher unter Zug gesetzt – quasi »aufgemacht« – werden. Dieses Prinzip gilt sowohl für <u>Ellbogenhebel</u>:

Hebeltechniken auf Zug ausführen

Überstreckung des Ellbogengelenks:

als auch für Handhebel:

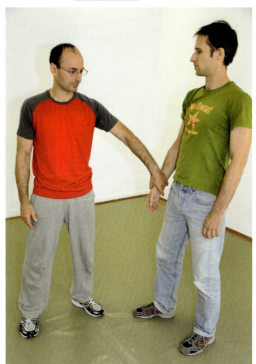

Beugung des Handgelenks:

Zug!

Technikprinzipien

Rotation des Handgelenks:

Der Zug bewirkt weiterhin quasi als Nebenprodukt, dass automatisch in größerer Entfernung vom Körperschwerpunkt des Gegners/Trainingspartners gearbeitet wird. Aber je weiter entfernt sich eine Extremität vom Rumpf befindet, desto schwächer ist sie. Der entsprechende Schutzreflex besteht umgekehrt ja auch darin, dass die gefährdete Hand oder der Arm sofort an den Körper herangezogen wird.[56]

56   Vgl. auch Stefan Reinisch/Harald Marek, Hand- und Armhebel, 2011.

2.14 Messerangriffe: der *worst case*

Sollte man es jemals mit einem bewaffneten Gegner zu tun haben, so wird es sich – zumindest in unseren Breiten – bei der Waffe höchstwahrscheinlich um ein Messer handeln. Auch wenn Messerfetischisten viel Geld für Spezialkampfmesser ausgeben, genügt ein simples Küchenmesser, um aus einer harmlosen Auseinandersetzung einen Kampf auf Leben und Tod werden zu lassen.

Merke: Jeder, der ein Messer als Waffe einsetzen will, ist gefährlich.

Zwei wahrscheinliche Situationen

1. Situation

Ein Messer wird präsentiert, um eine Forderung zu unterstreichen, es wird also als (äußerst effizientes) Drohmittel eingesetzt. Allein die Tatsache, dass das Messer offen gezeigt wird, macht klar, dass es dem anderen nicht in erster Linie darum geht, das Opfer niederzustechen. Eine derartige Dramaturgie kann z. B. so aussehen, dass der Täter sein Opfer bereits nach gewissen Opferkriterien (Risiko der Gegenwehr? Unaufmerksam? Gut gekleidet? Andere Leute in der Nähe?) ausgewählt hat und es sodann anspricht, z. B. um nach dem Weg zu fragen. Ist das Opfer abgelenkt, wird das Messer gezogen und die Forderung nach Herausgabe des Geldes, des Handys oder sonstiger Wertgegenstände gestellt. Die Frage ist nun: Wie soll man reagieren? Dazu ein Beispiel:

Im März 2009 wurde eine Frau in Wien erstochen auf der Straße aufgefunden. Der Täter konnte ausgeforscht werden und folgender Ablauf wurde rekonstruiert: Von der Straßenbahn weg folgte der Mann seinem späteren Opfer bis zum Haustor. Dort war die Frau durch die Suche nach ihrem Schlüssel abgelenkt, weshalb er sie überraschend ansprechen konnte und mit gezücktem Messer ihre Handtasche verlangte. Das verweigerte sie, es kam zu einem Handgemenge, woraufhin er sie mit drei wuchtigen Stichen in den Rücken ermordete. Er erbeutete 40 Euro und ein Handy.

In derartigen Fällen ist daher Kooperation angesagt! Nichts, was wir bei uns tragen, ist es wert, dafür zu sterben. Daher: Höflich bleiben, nicht argumentieren, rasch das Gewünschte übergeben. Das gilt generell, sobald Waffen im Spiel sind:

Im November 2009 wurde in einer Wiener Tiefgarage einer Krankenschwester, die ihre Autoschlüssel trotz vorgehaltener Schusswaffe nicht hergeben wollte, tödlich in den Kopf geschossen.

Natürlich gibt es keine Garantie dafür, dass es bei kooperativem Verhalten der beiden Frauen anders gelaufen wäre, die Wahrscheinlichkeit eines unblutigen Ausganges

Technikprinzipien

wäre aber auf jeden Fall gegeben gewesen. Wären die Täter nämlich von vornherein auf einen Raubmord aus gewesen, hätten sie sich erst gar nicht mit Reden aufgehalten.

Wieso rennen wir nicht einfach davon? Höchstwahrscheinlich sind wir so geschockt, dass jeder Versuch vergeblich wäre (Stichworte »Puddingknie«, »starr vor Schreck«), die lokalen Gegebenheiten sprechen dagegen, oder wir sind in unseren Handlungsmöglichkeiten auf andere Art, z. B. durch anwesende Kinder, eingeschränkt.

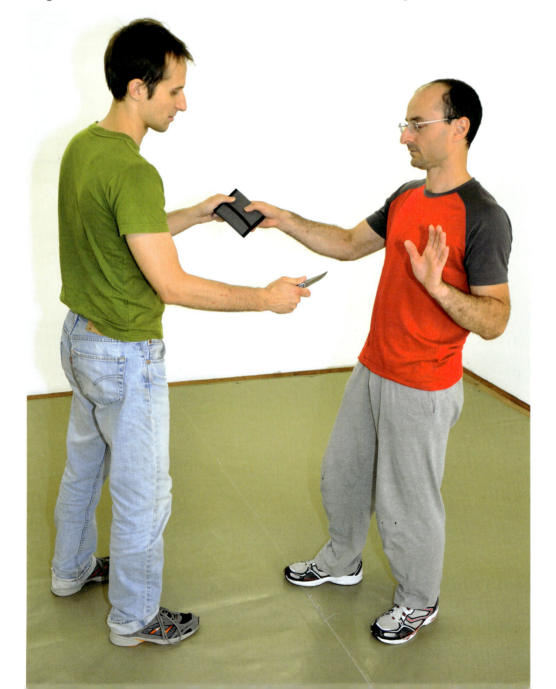

Mühsam ist es nur, diese an sich selbstverständliche Verhaltensweise gerade männlichen Trainingsteilnehmern immer wieder erklären zu müssen (zu den Gründen vergleiche im Kapitel »Ein vermiedener Kampf ist ein gewonnener Kampf«). Dazu tragen mit Sicherheit auch Geschichten über irgendwelche Kampfkunstmeister bei, die in solchen Fällen ihre Brieftasche zu Boden geworfen und mit lauter Stimme gerufen haben sollen »*Ich bin bereit, für diese Brieftasche zu sterben. Du auch?*« Dümmer geht´s wohl nicht.

2. Situation

Wenn es der Gegner darauf abgesehen hat, uns zu verletzen, wird ihm das mit hoher Wahrscheinlichkeit auch gelingen. Dazu ein Fall aus der Praxis:

Ein Eisenbahnschaffner hat mit einem Fahrgast eine heftige verbale Auseinandersetzung. Schließlich wird es ihm zu dumm, er dreht sich um und geht. Kurze Zeit später weist ihn sein Kollege darauf hin, dass sein Hosenbein durchnässt ist. Wie sich zeigt, hat ihm der Fahrgast während des Schreiduells unbemerkt (aufgrund des hohen Adrenalinspiegels) mit dem Messer in den Oberschenkel gestochen.

Selbst wenn wir das Messer rechtzeitig bemerken, sind die Chancen minimal.[57] Dennoch werden nach wie vor unrealistische Techniken gegen Messerangriffe trainiert, artistische Showeinlagen inklusive. Oder der Angreifer »friert« mit vorgestrecktem Messerarm ein, sodass der Verteidiger nun seine Techniken anbringen kann.
Diesen Vorwurf muss man Kampfkünsten wie Aikido oder auch JuJitsu machen, wenn z. B. die Verteidigung gegen Angriffe à la Norman Bates in der berühmten Duschszene aus Hitchcocks »Psycho« gezeigt wird. Realistischer trainieren die philippinischen Kampfstile oder das israelische Krav Maga. Trotzdem muss gesagt werden: Sofern man nicht einen Stuhl oder Ähnliches zur Hand hat, wird der Angreifer wahrscheinlich sein Ziel erreichen.[58] Selbst während eines Bodenkampfes ist es möglich, dass der Gegner plötzlich ein Messer zieht und damit den Kampf sehr schnell beendet.

Die beste Strategie besteht daher nach der ersten Abwehr und einem eventuellen Gegenschlag in der sofortigen *Flucht* und nicht in der *Entwaffnung* des Angreifers! Sobald wir inerhalb der *Reichweite* des Messers sind, ist von Lebensgefahr auszugehen.

---

57 Beginnt der Angriff aus der Gesprächsdistanz, liegt laut Jim Wagner, Reality-Based Personal Protection, 2005 bei einer durchschnittlichen Angriffsdauer von 5 Sekunden die Wahrscheinlichkeit erfolgreicher Gegenwehr bei 0%.
58 Don Pentecost, Put 'em down, take 'em out! Knife Fighting Techniques from Folsom Prison, 1988; John Perkins, Attack Proof: the ultimate guide to personal protection, 2000; Marc »Animal« MacYoung, Messer, Messerkämpfe & ähnliche Zwischenfälle, 2001; Gerhard Schmitt, Jiu Jitsu. Vom Einsteiger zum Könner, 1997; USArmy Field Manual, 2002.

Die folgenden Eckpunkte stammen aus den Messerabwehr-Konzepten der Praktiker John Perkins, Jim Wagner, Kelly McCann, Richard Dimitri und Don Pentecost. Nicht schön, nicht sexy, aber effektiver als vieles andere:

- *Schnelle Blöcke* (bildhaft kann man sich einen »grabenden Hund« vorstellen) **und Flucht!**

Wenn Flucht nicht möglich ist:

- Mit den Händen den Arm/das Handgelenk *fassen* (vgl. im Kapitel »Armkontrolle: an Handgelenk und Ellbogen«) bzw. *klammern*;
- *Schließen der Lücke zwischen Angreifer und Verteidiger* (für effektive Stiche braucht auch ein Messer etwas Raum);
- *Blockade des Messerarmes am eigenen Körper oder am Körper des Angreifers;*
- das eigene Gewicht wirken lassen und den Angreifer aus dem Gleichgewicht bringen; eventuell lässt sich ein Ellbogen- oder Schulterhebel durchreißen[59];
- *brutale Gegenangriffe zum Kopf des Angreifers* sowie
- **Flucht!**

- Ist das Messer **außerhalb der eigenen Reichweite** (ein Blocken bzw. Erfassen des Armes somit noch nicht möglich), brauchen wir nicht zu warten, bis sich dieser Umstand ändert! In diesem Fall wird das Gesicht sofort attackiert.

Weiterhin möchten wir auf die in »Youtube« zu findenden, wirklich sehr gut gemachten Videos des Kanadiers Nick Drossos verweisen, das Beste, was zu diesem Thema dort zu finden ist.

---

59 Dass dies gar nicht so selten möglich ist, zeigt nicht nur das Training. Wer über den eigenen Kampfsport-Tellerrand hinausblicken möchte, dem seien die mittelalterlichen europäischen Fechthandbücher empfohlen, so z. B. »Talhoffers Fechtbuch«, als Nachdruck im Buchhandel erhältlich. Diese Leute waren absolute Praktiker und mussten ihr Können unter realen Bedingungen immer wieder unter Beweis stellen! Wenn also damals Hebel funktionierten, werden sie auch heute für uns von Nutzen sein.

schnelle, harte Blöcke (»grabender Hund«):

Technikprinzipien

Der Arm wird gefasst und unter keinen Umständen wieder losgelassen!

möglicher Gegenangriff:

Je nach Situation – lässt sich niemals planen! – alternative Fassarten und Gegenangriffe:

Fixierung unten an der eigenen Hüfte und Kniestöße:

Technikprinzipien

Fixierung unten an der anderen Hüfte:

Fixierung am Angreifer:

Fixierung in den eigenen Ellbogenbeugen, Bruch des gegnerischen Ellbogens:

Fixierung unter der Achsel, Bruch des gegnerischen Ellbogens:

Auch bei einem statischen Angriff (hier wurde das Messer von hinten an die Kehle gehalten) gilt es, zunächst den Messerarm zu blockieren:

Hier befindet sich der Messerarm <u>außerhalb der Reichweite</u>, weshalb das Gesicht des Angreifers sofort attackiert wird:

Und nun: **FLUCHT!**

Technikprinzipien

Trainingstipp

Wie kann man feststellen, ob die Messerabwehrtechniken, die vielleicht schon seit Jahren trainiert werden, wirklich funktionieren? Ganz einfach: Der Angreifer (ausgerüstet mit einem Textmarker und Kopfschutz) greift den Verteidiger (versehen mit Augenschutz und weißem Leibchen) **frei und mit vollem Tempo** an. Alles ist erlaubt. Das Ergebnis (Striche = Schnitte, Punkte = Stiche) gibt sodann Auskunft über die Effektivität. Die Trainingserfahrung zeigt: Fünf Sekunden können genügen, um dem Opfer/ dem Trainingspartner 15 Stiche in Bauch und Rücken zuzufügen. Jeweils wechselnde Angreifer nach 5 Sekunden simulieren sehr schön den Stress, nach kurzer Zeit wird auch das Ergreifen des Messerarmes durch die Schweißproduktion noch schwieriger.

vorher:

nach 5 Sekunden:

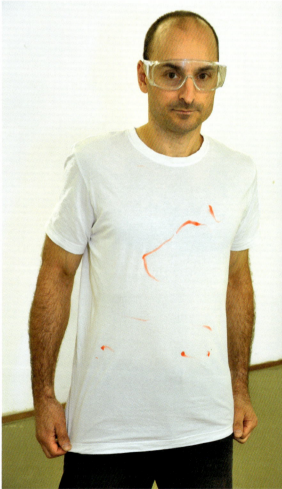

Ein Beispiel aus der Realität soll zeigen, was für fantastische Ansichten über die Möglichkeiten zur Messerabwehr in Laienkreisen (und dazu gehörte offenbar auch der beteiligte Richter) kursieren:

Ein Schaffner wird auf einem öffentlichen WC von einem anderen Mann um Zigaretten angebettelt. Er weist dieses Ansinnen zurück. Fast im selben Moment wird er mit einem Messer attackiert. Mit viel Glück gelingt es dem Schaffner, die Messerhand zu fassen. Um den Angreifer zu entwaffnen, schlägt er ihm ein paar Mal die Toilettentür auf die Hand, dabei brechen einige Mittelhandknochen. So konnte er den Angriff erfolgreich abwehren. Wie immer in Fällen, in denen es zu Verletzungen gekommen ist, findet eine Gerichtsverhandlung zur Klärung der Umstände statt. Anstatt jedoch wegen Notwehr freigesprochen zu werden, wird er wegen vorsätzlicher schwerer Körperverletzung verurteilt. Begründung: Seine Verteidigungshandlung sei nicht mehr verhältnismäßig gewesen, er habe die Toilettentür zu oft zugeschlagen. Erschwerend kam hinzu, dass er früher beim Bundesheer im Jagdkommando gedient hatte. Er als Spezialist hätte also laut Gericht wissen müssen, wie man einen Angreifer schonender entwaffnet.

Bei einer späteren Gelegenheit konnten wir Angehörige des Jagdkommandos (Elitetruppe des Österreichischen Bundesheeres) nach ihrer Reaktion auf einen Messerangriff befragen. Antwort: »*Wir schießen sofort. Wenn wir keine Schusswaffe dabei haben, rennen wir.*« [60]

Haben wir keine Waffe oder können wir nicht sofort wegrennen, so müssen wir den anderen auf Abstand halten. Das kann z. B. mithilfe einer Jacke, einer Tasche, eines Rucksacks, eines Schlüsselbundes oder eines Stuhls geschehen.

---

60 Das entspricht auch den Empfehlungen von Rex Applegate, Kill or get killed, 1976.

Technikprinzipien

Das fliegende Schlüsseltäschchen:

Ziel muss aber in jedem Fall letztendlich die Flucht sein!

Technikprinzipien

Jetzt noch ein paar Grausamkeiten

Hat man keine andere Möglichkeit als die eigenen Arme, um die Messerangriffe abzuwehren, so empfiehlt sich die Abwehr mit der Ellenseite, da dabei die Schnitte nur bis zum Knochen dringen. Am gefährlichsten wäre die Abwehr mit der Innenseite, da hierbei lebenswichtige Blutgefäße und Nerven durchtrennt werden können.

Ist ein Bauchstich nicht mehr abzuwehren, bleibt vielleicht als letzte Rettung eine kleine Seitwärtsdrehung, damit die Messerklinge nicht im 90°-Winkel zu den inneren Organen vordringen kann:

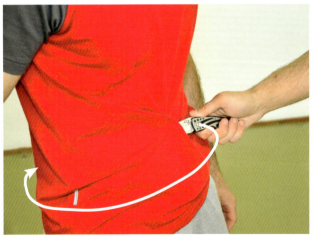
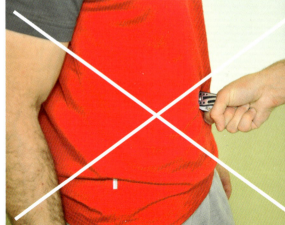

Wenn das Opfer gezwungen werden soll, mit dem Täter mitzugehen, in ein Auto einzusteigen oder Ähnliches (um dann gequält, vergewaltigt oder ermordet zu werden), so muss als Faustregel gelten: **Aufmerksamkeit erregen**, losschreien: »*Er hat ein Messer! Er hat ein Messer!*« Alternativ kann ein **Ohnmachtsanfall** oder akute **heftige Übelkeit** vorgetäuscht werden.

Auch wenn hierbei die Gefahr besteht, dass der Täter zusticht, zeigt die Erfahrung: **Je länger die Situation andauert, desto gefährlicher wird es.** Nicht umsonst versucht ja der Täter sein Opfer an einen Ort zu bringen, wo sein Risiko, entdeckt zu werden, geringer ist. Hat er sein Opfer erst einmal in seiner Gewalt, wird ein Entkommen für dieses sehr, sehr schwer.[61]

2.15 Gegen mehrere Gegner: Wer stehen bleibt, verliert

Bei einem drohenden Angriff mehrerer Gegner wächst die Gefahr mit jeder Sekunde: Schnell wird der Ring enger gezogen, aus einem toten Winkel heraus folgt der erste Angriff, man wird überrascht, verliert den Überblick. Sobald aber der erste Kontakt hergestellt ist, ist es vorbei. Die Schläge kommen von allen Seiten, man wird zu Boden gerissen (vom plötzlichen Einsatz eines Messers ganz zu schweigen), die ganze Gruppe tobt sich an dem hilflos am Boden Liegenden aus:

---

61 John Perkins, Attack Proof: the ultimate guide to personal protection, 2000.

Technikprinzipien

So weit darf es unter keinen Umständen kommen! Jeder Lehrer mit Erfahrung – oder mit der entsprechenden Einsichtsfähigkeit – wird daher seinen Schülern vermitteln, dass nur ein **Präventivangriff** die Chance zur Flucht aufrechterhält.

Um nicht eingekreist zu werden, bewegt man sich immer am *Rand* der Gruppe, sofern in diesem Fall nicht sowieso gleich die Flucht möglich wäre:

Auch früher waren sich die Kämpfer über das »ideale« Konzept nicht einig. So wurde die Ansicht vertreten, man habe es **gleichsam mit allen Gegnern zugleich** aufzunehmen:

Yagyu Munenori (japanischer Schwertmeister des 17. Jahrhunderts): »*Wenn du von allen Seiten umringt bist, und jeder Gegner versucht, dich mit dem Schwert zu treffen, dann musst du parieren, indem du, ohne zu verweilen, von einem Schwert zum anderen übergehst. Dann werden eure Chancen gleich sein. Bleibt aber deine Aufmerksamkeit an einem Schwert haften und gelingt es dir nicht, auf ein anderes überzugehen, dann befindest du dich in der Gewalt des Feindes. Der Geist-Verstand darf auf keinen Fall an einem Schwert haften bleiben, um deine natürliche Beweglichkeit zu bewahren.*«

Andere Meinungen – und wir stimmen denen zu – raten zum Gegenteil, also zur **Konzentration auf einen Gegner**[62]:

Aus dem Hagakure: »*Einer unserer Vorväter sagte, man schlägt den Feind in der Schlacht, wie der Falke den Vogel schlägt. Obgleich er in einen Schwarm von Tausenden hinab stößt, gilt seine Aufmerksamkeit nur dem einen, den er ausgewählt hat.*«

Wurde man bereits eingekreist, ist der Vorteil der letzteren Taktik darin zu sehen, dass das Feld quasi auseinandergezogen wird und sich dadurch hoffentlich eine Lücke auftut, die uns die Flucht ermöglicht. Es gilt also immer noch der Grundsatz: Teile und herrsche![63]

So seltsam es klingen mag, eventuell hat das ausgewählte »Opfer« sogar einen psychologischen Vorteil auf seiner Seite: Während die ganze Sache für die einzelnen Mitglieder der Gruppe eine Art »Spiel« darstellen mag, bei dem sie aufgrund der überlegenen Zahl nicht viel riskieren, ist diese Situation für den Betroffenen bitterer Ernst. Sofern er sich nicht von der möglicherweise auftretenden Panik überrumpeln lässt, wird er sich mit äußerster Entschlossenheit zur Wehr setzen – eine Entschlossenheit, mit der wiederum die anderen nicht gerechnet haben. Ausdruck dieser Einstellung ist der »Kiai« (Schrei) oder das fortwährende Gebrüll, während man auf den ausgewählten Gegner losgeht.

Wenn der andere zu langsam zurückweicht, wird er umlaufen, damit dient er gleichzeitig als Schutzschild gegenüber den restlichen Gegnern. Das Prinzip des »Schutzschildes« wird auch in den Ausbildungsleitlinien der amerikanischen »Marines« propagiert, wobei dann allerdings von der »Zerstörung« der Gegner die Rede ist ...[64]

Auf keinen Fall darf Körperkontakt (Festhalten) hergestellt werden. Ständiger Positionswechsel, Schlagen, Treten – all das muss schließlich in der Flucht enden. Wenn getreten wird, dann allerhöchstens bis Gürtelhöhe. Alles andere ginge auf Kosten der

---

62 Möglicherweise verlangt aber auch der Schwertkampf einfach nach anderen Prinzipien als der waffenlose Kampf.
63 Dieser Grundsatz findet sich bereits bei Sunzi (»Die Kunst des Krieges«), später auch bei Niccolò Machiavelli in seinem Buch »Der Fürst«.
64 Close Combat, U.S. Marine Corps, 1999; USArmy Field Manual, 2002.

Technikprinzipien

Stabilität. Manche Autoren empfehlen sogar, Tritte ganz wegzulassen.[65]
Peripheres Sehen wäre natürlich hilfreich, wahrscheinlicher ist jedoch der Tunnelblick.

FLUCHT!

65 Vgl. Keith R. Kernspecht, Blitzdefence – Angriff ist die beste Verteidigung, 2002.

Würde Rot sich auf beide Angreifer konzentrieren, wäre das Ergebnis wahrscheinlich dieses:

3 Trainingsprinzipien

3.1 »Aus einem Bernhardiner wird kein Windhund«

Miyamoto Musashi: »*Nie ahme man andere im Gebrauch der Waffen nach, sondern wähle diejenigen, die zu handhaben einem leichtfällt.*«

Es ist immer wieder frustrierend zu beobachten, wenn in Selbstverteidigungskursen für Mädchen muskelbepackte Trainer mit dem Anspruch auftreten, für die gezeigten Techniken bräuchte es keine Kraft. Diese »Lehrer« sitzen einem weitverbreiteten Irrtum auf. Sie verwechseln nämlich »Kraft« mit »Anstrengung«. Was der einen Person aufgrund ihrer Physis leicht (und somit subjektiv ohne Krafteinsatz) gelingt, ist einer schwächeren Person eben nur mit großer Anstrengung möglich. Das Frustpotenzial ist entsprechend hoch, werden doch bei Einwänden die Schüler oft mit dem Hinweis abgefertigt, sie hätten eben die Technik noch nicht gemeistert. Unserer Beobachtung nach sind gerade die »Kampfkünste« anfällig für eine derartige Tendenz, wird doch gerade hier sehr großer Wert darauf gelegt, dass die Bewegungen des Schülers genau denen des Meisters gleichen.
Basketballer sind in der Regel anders gebaut als Gewichtheber, warum sollte also in den diversen Kampfkünsten/-sportarten der Körpertypus nicht ebenfalls Berücksichtigung finden? Es gilt also zunächst, die Stärken zu stärken. Danach kann versucht werden, an den Schwächen zu arbeiten. Gerade daran mangelt es oft in sehr starr und schematisch betriebenen Stilen, die keine Abweichung von der tradierten Form zulassen. Die Begriffe »Verständnis« und »Einfühlungsvermögen« sollten aber im 21. Jahrhundert auch in den Kampfkünsten/-sportarten keine Fremdwörter mehr sein, zumal der Ansatz des »Zurechtschneiderns« der passenden Techniken bereits 1943 von W.E. Fairbairn vertreten wurde.
Es scheinen gerade die Leute aus der Praxis zu sein, die sich Gedanken über die Anpassung von Techniken an die ausübende Person machen und dabei toleranter sind. So Geoff Thompson: »*... However we are not you, and we are all intrinsically different so you should alter the techniques herein so that they fit you as a person. Cloning should be outlawed in the martial arts ...*«
Ebenso Kelly McCann: »*... It´s all about personal attributes. What my physique, coordination, speed, agility and mind-set allow me to do results in techniques I favor and rely on. It may simply be unrealistic for someone with significantly different attributes to effectively use the same techniques ...*«
Aus diesen Gründen ist die Idee eines »Stile« oder einer »Ryu«, die genau in der überlieferten Form praktiziert werden muss, kritisch zu hinterfragen.

3.2 Umgang mit dem Trainingspartner

Heribert Czerwenka-Wenkstetten hat die Partner einer Kampfkunst einmal mit einer Seilschaft am Berg verglichen. Der eine hat ohne den anderen keine Möglichkeit voranzukommen, um das angestrebte Ziel zu erreichen, jeder der beiden trägt Verantwortung für den jeweils anderen. Dieses Bild bringt das Verhältnis der beiden Partner auf den Punkt. Zwar ist ein »Solotraining« (mental oder auch real als eine Art »Kata«) als Ergänzung z. B. bei verletzungsbedingten Trainingspausen durchaus sinnvoll, wirkliche Fortschritte machen wir aber nur in einer konstruktiven Zusammenarbeit.

Mein bester Trainer ist mein momentaner Trainingspartner!

Diese Behauptung gründet auf folgenden Überlegungen: Als Trainierender habe ich es nicht mit einem leblosen Sportgerät zu tun, sondern mit einem denkenden Wesen. Ich habe also die einmalige Gelegenheit, in einer Art »Biofeedback« ☺ unmittelbar auf Fehler und Lücken in meinen Ausführungen hingewiesen zu werden. Das wiederum bedingt aber einen Partner, der nicht nur seinen Körper quasi zur Verfügung stellt, sondern der intensiv beobachtet und mitdenkt. Völlig verkehrt wäre es, wenn der Partner von Anfang an opponiert, also nur darauf bedacht wäre, meine Technik zu verhindern. Da zumindest zu Beginn des Trainings bekannt ist, welche Aktionen trainiert werden, wäre dies ein leichtes. Allerdings würde dadurch binnen kürzester Zeit die Freude am Training auf den Nullpunkt sinken.

Um nicht missverstanden zu werden: Mein Partner soll keineswegs immer und zu jeder Zeit kooperieren. Mit fortschreitender Trainingsdauer wird er immer größeren Widerstand leisten und versuchen, Lücken in meinen Ausführungen zu finden. Hat er diese gefunden, besteht seine wichtigste Aufgabe darin, mir diese aufzuzeigen. Nur so kommt es zu einem Lerneffekt!

Um dies zu gewährleisten, muss zu Beginn das **Tempo reduziert** werden (»Training wie im Weltraum«). Gerade Anfänger versuchen oft, fehlende Genauigkeit durch Tempo zu kompensieren. Leidtragender ist dann in erster Linie der Trainingspartner. Man darf nie vergessen, dass die Techniken darauf ausgerichtet sind, einen Angreifer zu schädigen, ihn zu verletzen oder sogar zu töten (Genickhebel, Würgetechniken, Schläge auf bestimmte Körperstellen, Würfe). Anders als bei Wettkämpfen sind es im normalen Training in erster Linie die Anfänger, welche Verletzungen verursachen! Jeder Trainer weiß: Erlauben wir einem Anfänger, eine Technik an uns auszuprobieren (was an sich normal sein sollte), müssen wir doppelt und dreifach achtgeben, damit uns nichts passiert.

Erst bei guter Technikkontrolle darf das Tempo erhöht werden. Wir müssen uns einfach bewusst sein, dass die (unter Umständen schwere) Verletzung des Trainingspartners durch unsere Unachtsamkeit eine Art »Super-GAU« darstellt, da wir damit eine fundamentale Budo-Regel verletzt haben (abgesehen von nachfolgenden juristischen Problemen).

Trainingsprinzipien

Erst das gegenseitige Vertrauen und der wechselseitige Respekt schaffen die Basis für kreatives und konstruktives Arbeiten.

In der Regel wird dieses Prinzip rasch begriffen. Da sich die Partner in der Rollenverteilung als Angreifer oder Verteidiger regelmäßig abwechseln, wird jeder Verstoß gegen diesen Grundsatz sofort geahndet (entweder verbal, oder indem man das nächste Mal ebenfalls etwas weniger sanft agiert), was in dieser Unmittelbarkeit natürlich doppelt wirksam ist. Sollte es dennoch Unbelehrbare geben, stehen diese nach kurzer Zeit ohne Trainingspartner da und werden aus der Trainingsgruppe ausgegrenzt. Darin liegt ein großer erzieherischer Wert der Kampfkünste und des Kampfsports. Keineswegs aber beschränken sich diese Grundsätze auf die japanischen Kampfkünste und Kampfsportarten. Unserer Meinung nach sind gegenseitiger Respekt, Wertschätzung und Vertrauen Basis für alle Sportarten, die aus dem Kampf abgeleitet sind, sei es das europäische Fechten, Boxen oder Ringen, das philippinische Escrima oder Kali, die zahlreichen chinesischen Formen der Kampfkunst, das koreanischen HapKiDo oder TaeKwonDo, das israelische Krav Maga, das russische Systema oder eben die japanischen Kampfkünste. Aus diesem Grund werden derartige Sportarten und Künste oft und erfolgreich auch in der Gewaltprävention bei Jugendlichen eingesetzt.

Sichtbarer Ausdruck dieses Prinzips ist der wechselseitige Gruß vor dem eigentlichen Beginn, in den japanischen Künsten das *Ojigi,* spezieller das *Ritsurei* im Stand:

Sowie das *Zarei* aus dem Kniesitz:

3.3 Kritisch bleiben, Kritik akzeptieren

Für die meisten Personen, die eine Kampfkunst beginnen, ist dies gleichbedeutend mit dem Eintauchen in eine neue, unbekannte Welt. Bislang kannten sie dergleichen nur aus diversen Filmen, dem Internet, Erzählungen und Büchern. Gleichsam wie Kinder ohne Lebenserfahrung sind sie daher leicht zu beeinflussen und lassen sich nur zu gerne von der absoluten Überlegenheit der jeweiligen Kampfkunst und der gezeigten Techniken überzeugen. Verstärkt wird diese Tendenz durch den Verweis auf Jahrhunderte (wenn nicht gar Jahrtausende) alte Traditionen, das gemeinsame Üben exotischer Rituale, einheitliche Kleidung und Stufen zur Meisterschaft. Die Teilnehmer bestärken sich so gegenseitig in ihrem Exklusivitätsglauben. Eigentlich sollte man meinen, dass derlei Merkmale nur bei ausgewiesenen Sekten zu finden seien ... Ein Ergebnis dieser Tendenz ist die Existenz von Schulen bzw. Meistern, die von sich behaupten, bei ihren Schülern sogenannte »Fern-K.o.s« herbeiführen zu können.[66]

---

66 Näheres dazu bei Stefan Reinisch/Jürgen Höller/Axel Maluschka, Kyusho-Angriffspunkte in Selbstverteidigung und Kampfsport, 2012; sehr gut auch die Einleitung von Vince Morris, The Secret Art of Pressure Point Fighting: Techniques to Disable Anyone in Seconds Using Minimal Force, 2007.

Natürlich darf man nicht alle Systeme in einen Topf werfen, und es hängt auch sehr stark von der Persönlichkeit des Lehrers ab, wie weit sich derartige Tendenzen entwickeln. Ein guter Lehrer sollte seine Schüler ermutigen, neugierig zu sein, selbst herumzuprobieren und offen für Neues zu bleiben.

Fähigkeit zur eigenen Meinungsbildung

»Sapere aude!« – »Wage es, zu denken!« So lautete der Wahlspruch der Aufklärung, vorgegeben von Immanuel Kant (1724–1804). Umgelegt auf die Kampfkünste/den Kampfsport bedeutet das: Gebt eure Fähigkeit zur eigenen Meinungsbildung nicht in der Garderobe ab, hinterfragt und bezweifelt! Und zwar nicht nur fremdes, sondern auch euer eigenes Tun.

Wir wissen dabei die klügsten Köpfe aus den Bereichen der Kampfkünste, der Literatur, der Geschichte und der Philosophie auf unserer Seite:

Bruce Lee (Tao des Jeet Kune Do): »... *Similarly, we have more faith in what we imitate than in what we originate. We cannot derive a sense of absolute certitude from anything which has its roots in us. The most poignant sense of insecurity comes from standing alone and we are not alone when we imitate. It is thus with most of us; we are what other people say we are. We know ourselves chiefly by hearsay.*«

Kurt Tucholsky: »*Lass dir von keinem Fachmann imponieren, der dir erzählt:* ›*Lieber Freund, das mach ich schon seit 20 Jahren so!*‹ – *Man kann eine Sache auch zwanzig Jahre lang falsch machen.*«

Miyamoto Musashi: »*Erstarrung heißt, sich auf die Seite des Todes zu begeben. Nicht-Erstarrung heißt, auf der Seite des Lebens zu bleiben.*«

Marc Aurel (röm. Kaiser, gest. 180 n. Chr.): »*Wenn mich jemand widerlegen und überzeugen kann, dass meine Ansicht oder mein Tun nicht richtig ist, werde ich mit Freuden meinen Standpunkt ändern. Denn ich suche die Wahrheit, von der noch niemals jemand geschädigt wurde. Schaden erleidet ja nur der, der in seinem Irrtum und Unverstand verharrt.*« [67]

Ovid: Metamorphosen, XV 177: »*Nichts auf der ganzen Welt ist beständig. Alles fließt und jede Erscheinung wandelt sich im Lauf der Zeit.*«

George Bernard Shaw: »*Der vernünftige Mensch passt sich der Welt an; der unvernünftige besteht auf dem Versuch, die Welt sich anzupassen. Deshalb hängt aller Fortschritt vom unvernünftigen Menschen ab.*«

---

[67] Marc Aurel, Selbstbetrachtungen.

Konfuzius: »*Lernen, ohne zu denken, ist verlorene Mühe. Denken, ohne etwas gelernt zu haben, ist gefährlich.*«

Richard P. Feynman (Physiker und Nobelpreisträger 1965): »*Wir müssen unbedingt Raum für Zweifel lassen, sonst gibt es keinen Fortschritt, kein Dazulernen. Man kann nichts Neues herausfinden, wenn man nicht vorher eine Frage stellt. Und um zu fragen, bedarf es des Zweifelns.*«

Der bekannte Dreisatz **Love it, change it or leave it**, der eigentlich als Gradmesser für die eigene Zufriedenheit in Bezug auf das aktuelle Erwerbsleben dienen soll, kann auch für die Kampfkunst bzw. den Kampfsport gelten: Wenn ich damit glücklich bin, ist es gut; wenn mir gewisse Dinge als unzweckmäßig erscheinen – vielleicht liegt mir etwas zu viel »Kunst« darin, während ich selbst mehr den Selbstverteidigungsaspekt betonen würde, oder umgekehrt – habe ich unter Umständen die Möglichkeit, diese Dinge zu ändern. Ist das möglich: Gratulation zu dieser Schule und diesem Lehrer! Erweist es sich als unmöglich: lieber ein Ende mit Frust als Frust ohne Ende.

Wie notwendig es ist, auch vermeintlich eherne Grundlagen des Budo mit kritischem Blick zu hinterfragen, zeigt sich bei der Lektüre des »Hagakure«. Dieses ist Anfang des 18. Jahrhunderts entstanden und gilt als der Ehrenkodex der Samurai. Bei dem Werk handelt es sich um eine Sammlung von etwa 1300 meist kurzen Lektionen, Episoden und Aufzeichnungen, die das tägliche Leben des Samurais betreffen und auch das Verhältnis von Fürst und Gefolgsmann behandeln. Auch zur Managerschulung wurde das »Hagakure« (wie vieles andere auch) schon verwendet. Es ist aber weit mehr als ein »Samurai-Knigge«. Wie schon erwähnt, wird in diesem Werk der Beziehung zum Fürsten höchstes Augenmerk geschenkt und die absolute Treue und Gefolgschaft bis in den Tod als höchste Samurai-Tugend gepriesen. Da sollte es eigentlich nicht verwundern, dass schon der Reichsführer SS Heinrich Himmler ein auf das »Hagakure« aufbauendes eigenes Werk an Einheiten der Waffen-SS (Wahlspruch: »Meine Ehre heißt Treue«) ausgegeben hat.[68]

Sollten wir dennoch bei unserer blinden Überzeugung von der Unfehlbarkeit eines »Meisters« bleiben, ist das auch die beste Methode, um diesen zu verderben: indem wir ihm aus falsch verstandenem Respekt den Glauben an sein überragendes Können lassen. Ist andersrum konstruktive Kritik nicht das beste Gegenmittel gegen Betriebsblindheit und Chance für ständige Verbesserung und Entwicklung?

---

68 Rheinischer Merkur, 25.9.2003, nachzulesen unter http://www.iivs.de/~iivs01311/H-B-K/deba.hi.08.htm; »Hitler-Buddha-Krishna – Eine unheilige Allianz vom Dritten Reich bis heute«, auszugsweise unter http://www.iivs.de/~iivs01311/Zen-Buddhismus/Samurai_SS.htm, 2002.

3.4 Schluss mit antrainierten Uke-Verhaltensmustern

Jeder Budoka kennt diese Trainingssituationen und findet nichts Ungewöhnliches dabei: Rot wird von Grün geworfen, beschreibt einen wunderbaren Bogen durch die Luft und landet unter gleichzeitigem »Abschlagen« des freien Armes auf der Matte, wo er brav liegen bleibt und auf Folgeaktionen wartet:

Oder: Grün führt mit Rot einen schwungvollen *Kote gaeshi* (Handhebel) aus, Rot schlägt einen Salto und bleibt am Rücken liegen, sodass er von Grün fixiert werden kann:

Oder: Bei der Messerabwehr erstarrt nach einem »Florett«-Angriff Grün in seiner Endposition, sodass Rot seine kunstvollen Techniken anbringen kann (Marc MacYoung nennt dies in einem seiner Videos »He freezes, so that I can now Kung-Fu him.«). In der Zwischenzeit erledigt Grün ein paar Telefonate:

Oder: Der »Meister« (Rot) demonstriert die Wirksamkeit eines *Kyusho* (oft auch »Vitalpunkt« genannt). Er nimmt den passiv dastehenden Schüler z. B. an einer Hautfalte in der Nierenregion, woraufhin dieser mit schmerzverzerrtem Gesicht dasteht und »abklopft«:

Trainingsprinzipien

Nie werden diese Verhaltensweisen hinterfragt. Kaum trainiert man aber mit einem Anfänger, ist alles anders. Zum Beispiel klammert er instinktiv, sobald er geworfen werden soll:

Er bleibt nach dem *Kote gaeshi* nicht brav am Rücken liegen, sondern steht schwungvoll gleich wieder auf:

Schluss mit antrainierten Uke-Verhaltensmustern

Er bleibt im Falle der Kyusho nicht schmerzerstarrt stehen, sondern schlägt reflexartig zu:

Oder er greift mit dem Messer »falsch« an, sodass wir unsere so mühsam einstudierten Techniken nicht mehr einsetzen können.

Warum aber reagieren Schüler oft auf die Technik des Lehrers, auch wenn diese schlecht ist? Hier nur ein paar Stichworte dazu:
- Gruppendruck und Konformitätsbestreben,[69]
- Autoritätshörigkeit,[70]
- Placebo-Effekt.[71]

Tatsächlich sind Menschen – wenn man weiß, wie es geht – leicht zu manipulieren. Ein Meister auf diesem Gebiet ist der Brite Derren Brown, dessen Experimente mit Einzelpersonen und Gruppen auch auf youtube zu finden sind, z. B. http://www.youtube.com/watch?v=RgQIGKDR9Mk&feature=related.

Derart mitspielenden Trainingspartner »verbilden« uns (wenn wir uns der Problematik nicht bewusst sind), und wir glauben schlussendlich wirklich an unser Können.

Ebenso häufig ist es gerade bei sogenannten »fortgeschrittenen« Technikabläufen zu beobachten, dass nach dem Prinzip »stop and go« trainiert wird: Die Kombinationen werden quasi häppchenweise geübt (Höchsttempo – Nachdenkpause – Höchsttempo – etc.).

Vergleichbare Verhaltensmuster finden sich in vielen Bewegungsabläufen. Es kann durchaus spannend sein, das Trainingsprogramm daraufhin zu untersuchen. Eventuell lässt sich einiges auf mehr Praxisrelevanz adaptieren. Wenn man das nicht will, dann sollte man sich dessen bewusst sein (und es offen aussprechen, damit kein falsches Gefühl der Sicherheit entsteht), reine *Kampfkunst* zu betreiben. Kämpfen dagegen ist dynamisch, es ist lebendig und fließt und hat nichts mit einer roboterhaften Choreografie zu tun.
Gefährlich wird es dann, wenn sich der Kampfkünstler – der diese Verhaltensmuster nie infrage gestellt hat – in einem echten Kampf wiederfindet. Plötzlich reagiert der Gegner anders als die Trainingspartner im Dojo. Der Kampfkünstler (obwohl vielleicht Danträger) kann damit nicht umgehen und findet sich im Krankenhaus wieder. Das kann dann zu Aussprüchen führen wie: »*Der andere hat nicht auf die richtige Art angegriffen!*«

---

69 Vgl. das Konformitätsexperiment von Solomon Asch (veröffentlicht 1951).
70 Ein Beispiel für viele: http://www.youtube.com/watch?v=IWNDs5MF9dU&feature=related (wobei wir sicher sind, dass es weh tut …).
71 Vgl. Stefan Reinisch/Jürgen Höller/Axel Maluschka, Kyusho-Angriffspunkte in Selbstverteidigung und Kampfsport, 2012.

Zur technischen Vorbereitung auf einen realen Angriff sollten daher die Abläufe nicht exakt vorgegeben und schon gar nicht sollte Wert auf völlig unwesentliche Details gelegt werden (was oft mit dem »Stil« begründet wird), während man das Ziel aus den Augen verliert.

Das Tempo sollte gemäßigt sein (quasi »Training im Weltraum«), wobei aber der Bewegungsfluss nicht unterbrochen wird. Der Angreifer darf versuchen, Schwachstellen in der Ausführung der Verteidigungstechniken zu seinen Gunsten zu nutzen. Gelingt die Ausführung der Technik nicht wie geplant, darf nicht von vorne begonnen werden, sondern es muss dann ein sinnvoller Alternativabschluss gefunden werden.

3.5 Training in Alltagskleidung

So malerisch ein Judo-, Karate- oder JuJitsu-Gi auch aussehen mag, handelt es sich dabei in unseren Breiten doch nicht um die Alltagskleidung. Unter der Prämisse »Selbstverteidigung« kann nur dringend empfohlen werden, (zumindest ab und zu) in der Kleidung zu trainieren, die wir auch abseits des Trainings tragen: Anzug, Winterjacke, Stadtrucksack etc.

Sobald wir uns in der Öffentlichkeit bewegen, gehen wir die meiste Zeit mit Schuhen durchs Leben (Flip Flops zählen wir nicht zu den Schuhen). Die klassischen Tritte in den Kampfsportarten legen großen Wert auf die starke Streckung der Zehen – dies aufgrund der Tradition sowie der Herkunft der Kunst (nicht jedes Klima macht Schuhe erforderlich, nicht jeder konnte sich früher Schuhe leisten), welche diese Fußhaltung zur Verletzungsprophylaxe notwendig machten.

Mit Schuhen (selbst wenn es leichte Leinenturnschuhe sind) erweitert sich das Technikrepertoire und erhöhen sich Reichweite und Wirksamkeit:

So kann z. B. ein Mae Geri (gerader Tritt) mit der Schuhspitze getreten werden, beim Yoko geri (seitlicher Tritt) kann die Schuhaußenkante eingesetzt werden, ein Mawashi geri (Rundtritt) kann ebenfalls mit der Schuhspitze getreten werden (ganz abgesehen vom Fersentritt mit Absätzen☺).

Auch in der Nahdistanz ergeben sich neue Möglichkeiten: Tritte zum Schienbein, mit der Schuhspitze ausgeführt, sind wunderbare Techniken, um Griffe zu lösen und Folgetechniken vorzubereiten (wobei nirgends festgeschrieben ist, dass man sich mit *einem* Schienbeintritt begnügen muss, gerade hier lässt sich der Gegner regelrecht damit »eindecken«).

Das Argument *»in der Realität mache ich das dann eh«* zählt nicht: Was man nicht übt, ist nicht abrufbar!

3.6 Ein Trainer muss alles, was er macht, begründen können

Alle Kampfkünste oder auch Kampfsportarten sind praktische Umsetzungen von Gesetzen der Physik, der Mechanik, der Medizin und der Psychologie. Zumeist basieren diese Künste jedoch rein auf empirischem Wissen auf Grundlage langjähriger Trainingserfahrung. Manche Ergebnisse, die durch intensive Beschäftigung mit einer bestimmten Materie erzielt werden können, muten den Laien fantastisch an. Dies ist jedoch nicht auf den Budo-Bereich beschränkt, man denke z. B. an Sportarten wie Freiklettern, Apnoe-Tauchen (der Rekord liegt momentan bei 214 m!), Skisprung, Abfahrtslauf usw. Diesen unglaublichen Leistungen liegen aber keine Geheimnisse zugrunde, sondern eine absolute Hingabe an die jeweiligen Disziplin. Genauso ist es bei den Budo-Künsten.

Für einen guten Lehrer/guten Trainer muss aber der Grundsatz gelten »Auf einem Bein ist nicht gut stehen«. Gleichberechtigt neben der Erfahrung sollte daher die theoretische Grundlage stehen. Die Einstellung »ich weiß zwar nicht, wie es funktioniert, aber ich weiß, dass es funktioniert« mag für einen selbst genügen (auch wenn man sich damit Chancen zur Erweiterung seiner Kenntnisse vergibt), das Ziel eines Lehrers sollte es aber doch sein, sein Wissen zu vermitteln.
Manche Schüler lernen auf Basis eigener Erfahrung, andere brauchen theoretische Grundlagen. Die einen tun sich durch Beobachtung leichter, die anderen durch Zuhören. Am Schluss sollte aber immer das große »Aha-Erlebnis« stehen: Der Schüler erkennt plötzlich, was er da tut.
Es gibt den Satz »*Tell me and I will forget. Show me and I may remember. Involve me and I will understand*«.
Noch besser: Arbeiten wir auf allen Sinnesebenen und wandeln den Satz um in »*Tell me, show me, involve me and I will understand.*«

Tut ein Trainer das nicht und verfolgt die traditionelle japanische Methode, indem er eine Technik oder ein Prinzip lediglich ein- oder zweimal ohne jede Erklärung demonstriert und dabei keine Fragen zulässt (unter Berufung auf die »Tradition«, die in diesem Fall auch der Bequemlichkeit des Trainers entgegenkommt), so steigt die Frustgefahr, und Erfolge stellen sich erst langsam ein. Leider macht man jedoch in vielen Lebensbereichen die Erfahrung, dass kein Argument so hieb- und stichfest ist wie diese Berufung auf die Tradition. Lediglich wenn man die Methode des »*Don´t ask, don´t tell*« als »Charakterschule« betrachtet – es soll die Geduld des Schülers getestet werden – mag sie von Nutzen sein.

Eine andere Gefahr sehen wir darin, dass ohne theoretische Grundlage und entsprechende Erklärungen die ganze Sache eine sehr abgehobene, vielleicht sogar esoterische Richtung (im Sinne einer philosophischen Lehre, die nur für einen begrenzten »inneren« Personenkreis zugänglich ist) einschlägt. Auch hier hat der Satz seine Berechtigung »*Wer nichts weiß, muss alles glauben*«.[72] Der Lehrer verfügt dann scheinbar über ein Wissen, das sich ihm auf geheimnisvolle Weise offenbart hat. Das mag gut für das Ego des »Meisters« sein, manchmal – gerade wenn er selbst von seinen übermenschlichen Fähigkeiten überzeugt ist – kommt es jedoch zur großen Ernüchterung, wenn die Techniken bei Außenstehenden plötzlich nicht mehr funktionieren. Eine derartige Landung auf dem harten Boden der Realität kann grausam und tragisch sein.[73] Manche aus der Budo-Sparte, die sich vor allem für *Kyusho* (Druckpunkte, »Vitalpunkte«) interessieren, scheinen dafür besonders anfällig zu sein (vgl. dazu auch schon im Kapitel »Schluss mit antrainierten Uke-Verhaltensmustern«).[74]

Ebenso ist es abzulehnen, wenn ein Lehrer von seinem System behauptet, es sei das beste. Gleich sollte ihm die Frage gestellt werden: das beste wofür, unter welchen Bedingungen? Genauso gut könnte die Behauptung aufgestellt werden, ein Hammer sei besser als ein Schraubenschlüssel.

Jedes System wurde für bestimmte Zwecke geschaffen (Ein Kräftemessen ohne großes Verletzungsrisiko? Eine Form der Daseinsbewältigung? Das Töten feindlicher Soldaten hinter den feindlichen Linien?), unter Einbeziehung der beteiligten Personen (Kampf in Rüstung? Sicherheitspersonal? Soldaten? Zivilpersonen?) und der Umgebung (so ein Langstock macht sich in einem engen Gassengewirr weniger gut, ähnlich wie das kleine Klappmesser auf einem Schlachtfeld).

Versucht man zu argumentieren, weist auf Naturgesetze, wissenschaftliche Studien und die Kraft von Autosuggestion und sich selbst erfüllenden Prophezeiungen hin – hilft das in der Regel alles nichts. Gehen derartigen Gläubigen ihre Argumente aus, kommt oftmals die Binsenweisheit »*Es gibt mehr Dinge zwischen Himmel und Erde, als Eure Schulweisheit sich träumen lässt.*« (Hamlet, Erster Akt, Szene 5). Hat Shakespeare gesagt, muss ja daher auch stimmen, Diskussion beendet. So etwas nennt man ein Totschlag-Argument (hat eine gewisse Allgemeingültigkeit und lässt sich daher in ziemlich jeder Debatte anbringen); es dient als letzte Zuflucht, wenn man wieder mal zu bequem ist, um selbst nachzudenken. Wir kontern in einem solchen Fall am besten so: »*Gegen Dummheit kämpfen Götter selbst vergeblich.*« (Friedrich Schiller)

---

72 Marie von Ebner-Eschenbach.
73 Vgl. http://www.youtube.com/watch?v=yeacZwl2pbg.
74 Vgl. Stefan Reinisch/Jürgen Höller/Axel Maluschka, Kyusho-Angriffspunkte in Selbstverteidigung und Kampfsport, 2012. Ein kleiner Hinweis: Sollte jemand gerade auf dem Gebiet der Kyusho Beweise für eine über die normale physiologische Wirkweise hinausgehende paranormale Wirkung haben, möge er sich an den US-Amerikaner James Randi wenden und sich 1 Million Dollar abholen. Auch in Deutschland existiert Ähnliches, um Scharlatane zu entlarven, siehe unter www.gwup.org.

3.7 Ein Trainer sollte die Schüler mit Respekt behandeln oder: Von jedem kann man lernen

… und sei es nur, wie man's nicht machen sollte.

Es gibt nichts Traurigeres als einen Budo-Lehrer, der glaubt, mit seinem Meistergrad auch auf jedem anderen Gebiet ein »Meister« zu sein, und der auf dieser vermeintlichen Grundlage seine Schüler herablassend behandelt. In Wahrheit hat er aber nur auf seinem Spezialgebiet einen Vorsprung an Wissen und Erfahrung, während seine Schüler möglicherweise auf anderen Gebieten Großartiges geleistet haben.

Es gibt zu jedem positiv besetzten Begriff eine Steigerung ins Negative. So wird übertriebener Respekt zur Verehrung, aus einem Vorbild wird das Idol, aus einem Lehrer der Guru oder aus einem Schüler ein »Jünger«.

Zu viel Verehrung schadet dem Lehrer mehr als dem Schüler. Er sonnt sich im Erreichten und glaubt letzten Endes selbst an seine herausragenden Fähigkeiten. Diese Wechselwirkung färbt auch auf die anderen Schüler ab, bis es schlussendlich zum Platzen der »Guru-Blase« kommt.

Ein Lehrer braucht aber Schüler nicht als »Jünger«, sondern als Korrektiv. Gegenüber einem verehrten Meister wird ein »Jünger« vor lauter Ehrfurcht seine Meinung nicht äußern, der Meister wird ein Inseldasein führen, ähnlich dem Kaiser ohne Kleider. Damit verpasst er die Chance, mit seinen Schülern in einen Austausch zu treten, was – Respekt auf beiden Seiten vorausgesetzt – zu einer Win-Win-Situation führen kann. Man denke nur: jedes Mitglied der Schule oder des Verein kann aus einem regelrechten »Wissens-Pool« schöpfen. Aus diesem Grund sollten die Lehrer sich auch aktiv am Training beteiligen und nicht bloß Anweisungen vom Mattenrand aus erteilen.

Interessanterweise kommt die treffendste Aussage zu diesem Thema von Kelly McCann, der es eigentlich ablehnt, sein System als »Kampfkunst« zu bezeichnen: »*Combatives practitioners train with their instructors not under them. Respect is earned by the instructor and not simply demanded of the student.*«[75] Von einem derartigen Budo-Verständnis können die meisten sogenannten »Meister« – denen die Form über den Inhalt geht – nur träumen.

---

75   Kelly McCann, Combatives for Street Survival: Hard-Core Countermeasures for High-Risk Situations, 2009.

Literatur

Applegate, Rex; Kill or get killed, USA 1976.
Bärsch, Tim/Rohde, Marian; Kommunikative Deeskalation, Deutschland 2008.
Bärsch, Tim; Verhindern Sie Gewalt, Deutschland 2010.
Braun, Christian; Effektive Selbstverteidigung durch Open Mind Combat – Street Safe, Deutschland 2009.
Close Combat, U.S. Marine Corps, USA 1999.
Czerwenka-Wenkstetten, Heribert; Kanon des Nippon-JuJitsu, Österreich 1993.
Dimitri, Richard; In Total Defence of the Self: Enhancing Survivability And Gaining The Tactical Edge, Canada 2010.
Eichhorst, Sabine; Mut zur Gegenwehr, Deutschland 1996.
Fairbairn, W.E.; Get tough!, GB/USA 1943.
Fast, Julius; Körpersprache, Deutschland 2000.
Fiedler, H.-J.; Messerkampf, Deutschland 1980.
Hatmaker, Mark; Savage Strikes: The Complete Guide to Real World Striking for NHB Competition and Street Defense, USA 2004.
Höller, Jürgen/Maluschka, Axel; Taekwondo Selbstverteidigung, Deutschland 2003.
Höller, Jürgen/Maluschka, Axel/Reinisch, Stefan; Selbstverteidigung für Frauen und Mädchen, Deutschland 2007.
Kernspecht, Keith R.; Blitzdefence – Angriff ist die beste Verteidigung, Deutschland 2002.
Machowicz, Richard J.; Unleash the Warrior Within, USA 2002.
MacYoung, Mark »Animal«; Billige Tricks, Hinterhalte und andere Lektionen, Deutschland 2001.
MacYoung, Marc »Animal«; Extremer Bodenkampf, Deutschland 2004.
MacYoung, Marc »Animal«; Messer, Messerkämpfe & ähnliche Zwischenfälle, Deutschland 2001.
McCann, Kelly; Combatives for Street Survival: Hard-Core Countermeasures for High-Risk Situations, USA 2009.
Morrah, David W.; Dirty Fighting, USA 194?.
Morris, Vince; The Secret Art of Pressure Point Fighting: Techniques to Disable Anyone in Seconds Using Minimal Force, USA 2007.
Morrison, Lee; Urban Combatives, GB 2003.
Musashi, Miyamoto; Das Buch der fünf Ringe (ca. Mitte 17. Jh.).
Myong, Ko; Bewegung für das Leben: Shinson Hapkido, Deutschland 1999.
Pentecost, Don; Put 'em down, take 'em out! Knife Fighting Techniques from Folsom Prison, USA 1988.
Perkins, John; Attack proof: the ultimate guide to personal protection, USA 2000.
Quinn, Peyton; Das Straßenkampf Handbuch, USA 1990, S. 102.
Reinisch, Stefan; Effektive Selbstverteidigung im Alltag, S.102, 2010.

Reinisch, Stefan/Höller, Jürgen/Maluschka, Axel; Kyusho-Angriffspunkte in Selbstverteidigung und Kampfsport, Deutschland 2012.
Reinisch, Stefan/Marek, Harald; Hand- und Armhebel, Deutschland 2011.
Reinisch, Stefan/Marek, Harald; Fixier- und Transporttechniken, Deutschland 2012.
Ruge, Michel; Das Ruge Prinzip, Signale der Gewalt erkennen, Konflikte meistern, Deutschland 2010.
Schmitt, Gerhard; Jiu Jitsu. Vom Einsteiger zum Könner, Deutschland 1997.
Skoss, Diane; Koryu Bujutsu: Classical Warrior Traditions of Japan, USA 1997.
Sun Tsu; Die Kunst des Krieges (ca. 5. Jh. v. Chr.).
Talhoffer, Hans; Talhoffers Fechtbuch, Deutschland 1467.
Thompson, Geoff; The art of fighting without fighting, GB 1998.
Thompson, Geoff ; The Fence, GB 1998.
Thompson, Geoff; Dead or Alive – The Choice is Yours, GB 2004.
Thompson, Geoff; 3 Second Fighter, GB 1997.
Tsunetomo, Yamamoto; Hagakure.
USArmy Field Manual, 2002.
Wagner, Jim; Reality-Based Personal Protection, USA 2005.
Wiseman, John »Lofty«; City-Survival, Deutschland 1999.

Danksagung

Wie immer ist ein derartiges Buch ein Gemeinschaftsprojekt. Unser Dank gebührt in erster Linie unserem guten Freund und Trainingskollegen Benjamin Schmid, der sich für unzählige Fotos zur Verfügung stellte. Die Aufnahmen selbst wurden im Dojo unseres Vereins Shobukai Austria (www.shobukai.at) gemacht sowie in den Räumlichkeiten des Universitäts-Sportinstituts Wien. Last but not least herzlichen Dank an Frau Susanne Fischer vom Verlag pietsch für die Umsetzung des Projektes.

Zum Weiterlesen aus dem Verlag pietsch

Stefan Reinisch/Harald Marek
Hand- und Armhebel für alle Kampfsportarten

Dieses Buch behandelt ein für alle Kampfsportler relevantes Thema: Hand- und Armhebel. Die Autoren geben eine genaue Beschreibung der anatomischen Wirkweisen, erklären mechanische Prinzipien und zeigen Übungsformen für Anfänger und Fortgeschrittene.
224 Seiten, Format 170 x 240 mm
ISBN 978-3-613-50669-5
€ 24,90 / CHF 34,90 / € (A) 25,60

www.pietsch-verlag.de
Service-Hotline: 01805/00 41 55*
*0,14€ / Min. aus d. dt. Festnetz, max. 0,42€ / Min. aus Mobilfunknetzen

Stand November 2012
Änderungen in Preis und Lieferfähigkeit vorbehalten.

Zum Weiterlesen aus dem Verlag pietsch

Stefan Reinisch/Harald Marek
Fixier- und Transporttechniken

Eine physische Auseinandersetzung wünscht sich niemand. Kommt es dennoch dazu, ist es gut zu wissen, welche Hebel-, Würge- oder sonstigen Fixiertechniken wirkungsvoll sind. Zudem sind diese Techniken fester Bestandteil der meisten Kampfsportarten. Sowohl Anfänger als auch Fortgeschrittene finden in diesem Praxisbuch eine breite Palette an Techniken mit detaillierten Anleitungen und Übungsfolgen, aber auch die rechtlichen Grundlagen für ihr Handeln.
160 Seiten, 468 Farbbilder, Format 170 x 240 mm
ISBN 978-3-613-50685-5
€ 19,95/ CHF 27,90 / € (A) 20,60

www.pietsch-verlag.de
Service-Hotline: 01805/00 41 55*
*0,14€ / Min. aus d. dt. Festnetz, max. 0,42€ / Min. aus Mobilfunknetzen

Stand November 2012
Änderungen in Preis und Lieferfähigkeit vorbehalten.